U0724317

顾问：李学勤 罗哲文 俞伟超 曾宪通 彭卿云

日暮西山

李 默／主编

中华文明是人类历史上最伟大的文明之一，是人类文明发展的主要构成。中华文明丰富、深刻、辉煌、博大，在人类文明中的骨干作用和领导作用人所共知。在人类文明的发源时期，中华文明就是四大古文明之一，是地球上文化的策源地之一。

广东旅游出版社
GUANGDONG TRAVEL & TOURISM PRESS
悦读书·悦旅行·悦享人生

中国·广州

图书在版编目（CIP）数据

日暮西山 / 李默主编 . — 广州 : 广东旅游出版社，
2013.1（2024.8 重印）
ISBN 978-7-80766-459-8

Ⅰ . ①日… Ⅱ . ①李… Ⅲ . ①中国历史—北宋—通俗
读物 Ⅳ . ① K209

中国版本图书馆 CIP 数据核字 (2012) 第 296842 号

出 版 人：刘志松
总 策 划：李　默
责任编辑：张晶晶　黎　娜
装帧设计：盛世书香工作室　腾飞文化
责任校对：李瑞苑
责任技编：冼志良

日暮西山
RI MU XI SHAN

广东旅游出版社出版发行
（广东省广州市荔湾区沙面北街 71 号首、二层）
邮编：510130
电话：020-87347732（总编室）　020-87348887（销售热线）
投稿邮箱：2026542779@qq.com
印刷：三河市嵩川印刷有限公司
　　　（河北省廊坊市三河市杨庄镇肖庄子村）
开本：650×920mm　16 开
字数：105 千字
印张：10
版次：2013 年 1 月第 1 版
印次：2024 年 8 月第 3 次印刷
定价：45.80 元

出版者识

　　《话说中华文明》是一部全景式图文并茂记录中国文明历史的大书。出版者穷数年之力，会集各方力量——专家、学者、编辑、学术顾问们，在浩如烟海的历史档案、资料、著作中，探珍问宝，追寻中华文明在悠悠历史长河中的灿烂之光。此书的出版，凝聚了编撰者的心血，学术顾问们的智慧。尤其是李学勤先生，亲自动笔写下了序言，更增加了本书沉甸甸的分量。

　　中华文明的历史充满了辉煌与苦难，成就和挫折。它的历史无处不在，决定着我们中国人今天的思想和感情。当今的中国和中国人是中华文明的历史造就的，是中华文明的历史的延伸，也是它的一个组成部分，中华文明的历史之河奔流到现在。

　　中华文明是人类历史上最伟大的文明之一，是人类文明发展的主要构成。中华文明丰富、深刻、辉煌、博大，在人类文明中的骨干作用和领导作用人所共知。在人类文明的发源时期，中国就是四大古国之一，是地球上文化的策源地之一。在人类文明的早期，中华文明成为文明在东方的支柱，公元前后200年间，人类的汉帝国与罗马帝国这两只铁手攫住了地球。在欧洲进入中世纪的时候，中华文明更成为人类文明最主要的领导，它的文明统治东亚，传遍世界。进入近代，中华文明处于自身的重压和西方的欺凌下，但中国人民的斗争史和奋起精神是人类文明历史中不可缺少的一页。

　　五千年的中华文明为人类贡献出了从思想家孔子到科学技术的四大发明、从唐诗宋词到长城运河的伟大创造，贡献出了从诸子百家到宋明理学，从商周铜器到明清文学的深刻内涵，也贡献出了从五霸七强到三国纷争、从文景之治到十大武功的辉煌历史。中华文明的历史绚烂多彩，在人类文明的历史长河中永放光芒。

　　中华文明也是人类历史上最独特的文明，没有哪一个文明像中华文明这样持久，这样统一一致。世界上其他文明不但互相交错，其创造者也都与高加索体质的人种有关，它们是姐妹文明。在人类历史中，只有中华文明才是独特的，它的创造者是中国土地上的中国人民，与其他任何地方的人民都没有关系，它的文化是统一一致的文化，可以不依赖于其他任何文明而生存，但中华文明也绝不是封闭的，它接受他人的文化，也承担自己对于人类的责任。

　　人类进入新世纪，中国的社会经济发展令世人瞩目。人们对于世界未来的政治和经济结构的估计无不以东亚和太平洋为中心，而尤以中国为重点。

　　经济起飞只是当代中国的一个方面，中国的精神文明的建设尤为刻不容缓。如果中国要自觉地发展中华文明，要有意识地使中国的发展具有世界意义，就必须发展强有力的精神文化，这样才能使中华文明的发展进入一个新的阶段，才能形成中国和中华文明的全面现代化。

而中国的精神文化的发展植根于中华文明的伟大传统之中。进入近代之后，在西方文化的冲击下，对于中国文化的价值产生大量的情绪化和激烈冲突的论调。"五四"运动打倒孔家店的口号具有冲破封建束缚的时代意义，对中国文化的发展有不容否认的正面意义，与文化虚无主义是完全不同的。文化虚无主义者否定中国传统文化，在现代化的旗帜下主张全盘西化；而复古主义则沉迷于中国文化的古董，走进反进步、反科学的泥潭。

历史的发展则超越了所有这些论点，产生这些论调的一百多年来的中国近代史已经结束。历史要求中国发展，要求中国走在全世界发展的前列。西化论和复古论都已过时，历史已经要求世界超越西方，中国可以承担起世界的命运，而中国的现实和世界的历史都说明，中国的使命在于它的发展前进，而非倒退。

中华文明走出迷惘的时代，我们这一代处在一个伟大而具有挑战的历史阶段。

总结历史、展望未来，这就是《话说中华文明》的意义和使命。我们创作《话说中华文明》，力求总结和回顾中华文明的全貌，在内容和形式上都开创一个新的局面。在内容结构上，既具有一定的深度，又具有相当的广博性，既有严谨、准确的学术价值，又有活泼、流畅的可读性。我们在本丛书内容纳了中华文明的各个方面，使它综合了大规模学术著作的系统性、严密性和普及读物的全面性、简易性，它既可作为大型工具书检索中华文明的各个成分，又可作为通俗的读物进行浏览。

我们从上世纪 90 年代初起就开始思考中华文明的历史和现实问题，并逐渐形成了编著《话说中华文明》的设想。在开展这项庞大的文化工程之始，我们就聘请了国内权威学者李学勤、罗哲文、俞伟超、曾宪通、彭卿云诸先生担任学术顾问，他们对计划作了充分讨论，并审阅了大量初稿。我们聘请了广州、香港地区的社会科学学者、大学教师、研究生以及我社编辑人员几十人担任稿件的撰写工作。

通过创作这部书，我们深深地感受到了中华文明的博大精深，也感受到了它的内在缺陷。中华文明具有辉煌的时期，也有苦难的年代，有它灿烂的成就，也有其不足的方面。中华文明在自身中能够吸取充分的经验和教训，就能够使自身健康壮大，成长发展。

通过创作这部书，我们也深深感受到了出版事业的使命和重任。我们希望这部书能受到广大读者的喜爱，起到它所应当起的作用。为中华文明的反省、前进和奋起作一点贡献。

目 录

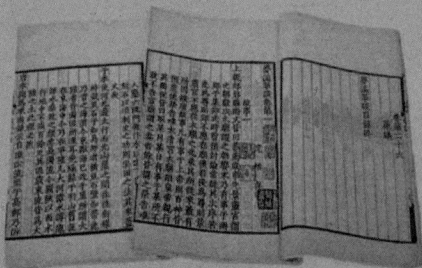

日暮西山

宋辽金夏

话说 中华文明

日暮西山

司马光编著《资治通鉴》

　　元丰七年（1084），司马光成功编纂《资治通鉴》，历时19年。

　　司马光（1019~1086），北宋大臣、史学家，字君实，陕州夏县（今属山西）人，世称涑水先生。宝元进士，仁宗末任天章阁待制兼侍讲、知谏院，立志编撰《通志》，以作为封建统治的借鉴。治平三年（1066）四月，司马光编成编年史《通志》8卷，上进于朝廷，受到英宗的赏识，并下置书局于崇文院，继续编写。治平四年（1067）十月，司马光向神宗进读《通志》，倍受赞赏，赐名《资治通鉴》，并亲自写序。熙宁三

司马光像

年（1070），司马光反对王安石行新政，神宗不从，任其为枢密副使，坚辞不就。出任永兴军（今陕西西安），次年退居洛阳续撰《通鉴》。哲宗时主国政，任尚书左仆射、兼门下侍部，废除新法。死后追封温国公。

　　《资治通鉴》是一部编年体通史，全书共294卷，另有《目录》30卷，《考异》30卷。记事上起周威烈王二十三年（前403），下迄后周世宗显德六年（959），前后共1362年。所采史料除十七史以外，征引杂史诸书达320余种，经著者剪裁熔铸成一家之言。

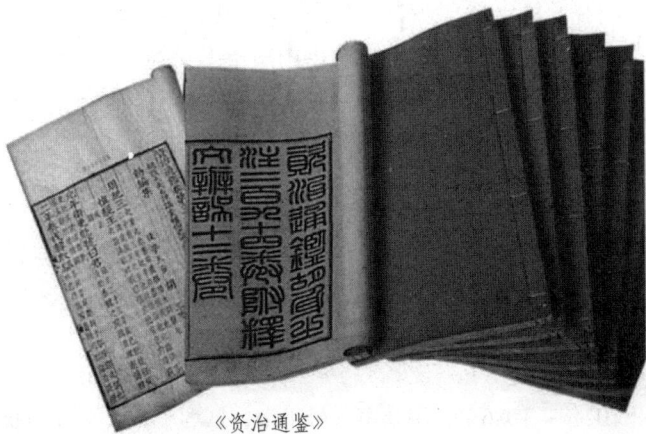

《资治通鉴》

　　《资治通鉴》的编写方法较具特色。首先标明事目，按时间顺序排列所收史料，力求完备，作为丛目；其次根据丛目中史事异同详略，考订整理，择其记述详尽者重新编写，以成长编。以上工作均由协修人员负责；最后由司马光删繁润色，以成定稿。

　　《资治通鉴》的内容，以政治、军事和民族关系为主，兼及经济、文化和历史人物评价。目的是要通过对国家盛衰、民族兴亡、统治阶级的政策的描述，来警醒世人。"鉴前世之兴衰，考当今之得失，足以懋稽古之盛德，跻无前之至治。"在文字表达方面，《资治通鉴》最擅长于描写战争场面，其中又将重点放在战前决策方面，而对于战役本身方面却用墨不多。如在描写"赤壁之战"时，用了将近5/6的篇幅来写战前鲁肃如何建议孙权联刘抗曹、诸葛亮如何说服孙权联刘抗曹、孙权集团内部主战派与主和派如何争论。特别是描写诸葛亮、周瑜如何细密分析各方军事形势，而在真正描写战役是如何进行时，只用了1/6的篇幅，这是《资治通鉴》的一大文学特色。

　　《资治通鉴》通过详实的历史记载，向当时的统治者说明了历史经验对于政治统治的重要性，在这一点上，《资治通鉴》所提供的历史教训，是以往任何一部史书都不能相比的。另外，从历史观点上，《资治通鉴》认为国家的兴衰也在很大程度上取决统治者们的修养。提倡君主应克遵于礼，讲究仁义，在用人方面要量才而用，赏罚分明，还要能听取臣民的谏言，这一点

对于后来历代的统治阶级都有一定的约束作用，直到今天也不失其意义。

由于《资治通鉴》各方面的成就，中国历史上出现了一个研究《通鉴》的高潮，甚至形成了专门的"通鉴学"，代表著作有朱熹的《资治通鉴纲目》、袁枢的《通鉴纪事本末》、李焘的《续资治通鉴长编》等。

王安石去世

元祐元年（1086）四月，王安石病卒。

王安石（1021～1086），字介甫，号半山，江西临川（今江西抚州）人。庆历四年（1044）进士第四名及第，历任签书淮南（扬州）节度判官厅公事、知鄞县（今浙江宁波）、舒州（今安徽潜山）通判，一度调开封任群牧司判官，旋又外调知常州、提点江南东路刑狱公事，继召为三司度支判官、知制诰。熙宁初，王安石以翰林学士的身分同赵顼（神宗）议论治国之道，深为赵顼器重。熙宁二年（1069），王安石出任参知政事。次年（1070），又升任宰相，担负起改革的重任。

王安石罢相后，退居金陵，醉心于佛教，恍然有所收获。王安石去世后，其政敌司马光给吕公著写了一封信，对王安石的一生进行了盖棺论定。司马光认为王安石的文章、诗赋和其个人品德不同凡响，很少有人能达到他的这种水平。但王安石"性不晓事"，他疏远忠臣，任用阿谀奉承之辈，败坏祖宗以来的法规，达到了难以收拾的程度。司马光的书信目的是为了让最高当局对王安石的逝世进行照顾，厚施恩惠，以达到使轻薄之徒振聋发聩的目的。王安石去世后，朝廷下诏停止上朝两天，同时根据王安石的遗愿，特批王安石的子孙七人做官，并下令当地地方政府尽全力办理好他的丧事。

苏轼被贬

元祐四年（1089），苏轼再度来到杭州，出任杭州知事。

苏轼曾两度出任杭州（今浙江杭州）的地方官，任职期间，他尽心尽力，将杭州治理得井井有条。一次是在熙宁五年（1072），一次是在元祐四年（1089）。杭州西湖，不仅是当时城内居民的饮用水，也是灌溉田地的重要水利工程。入宋以后，由于久不治理，湖面越来越小。苏轼鉴于这种情况，下决心整治西湖，为杭州人民造福。元祐五年（1090），苏轼向朝廷起草一个开浚西湖的报告，要求朝廷拨款，然后利用本州开支所节余的一万贯钱和一万石米，开始治理西湖；同时还抽调本州士兵五百人参加这一工程。工程开工后，苏轼每隔一天便亲临西湖工程工地，亲自监督工程的进展情况。辅佐苏轼完成这一巨大工程的主要有三人，即两浙兵马都监刘季孙、监杭州商税苏坚和钱塘县尉许敦仁。在他们的通力协作下，工程进展相当顺利，西湖上原来有一条自东向西的长堤，苏轼治理西湖时，重新筑起一条南北向的长堤，长堤修建了六座桥梁。堤上栽种柳树、芙蓉等，杭州人称之为"苏公堤"，这一工程总共历时四个月完成。

李、范传派扩大影响

北宋著名画家李成以"惜墨如金，好写平远寒林"的艺术特色，开创了李成画派；范宽则以"师诸造化，好作崇冈密林，用墨深重，物象幽雅"见称。李范二人以其独特的艺术成就对宋代山水画风貌的形成起了奠基性的作用。在李范之后，其弟子和后学们继承了他们的艺术创作风格，扩展了李、范的艺术影响。属于李成画派的重要画家有许道宁、郭熙、王诜等人；属于范宽画派的有黄怀玉、纪真、商训等人。

《窠石平远图》，郭熙画。

　　许道宁（生卒年不详），长安人，一说河北河间人，活动于宋太祖至仁宗时期，享年八十多岁。据说他性情狂放不羁，嗜好饮酒，早年以卖药为生，临街设摊画山水树石以招揽顾客。他山水学李成，是李成传派卓有成就者。许道宁因为画艺出众，受到上流社会的赏识，声名远播。他平素多画野水、林木和平远之景。中年游历名山后，涤除笔墨谨弱之气，以其画风狂逸、行笔遒劲、用墨简放而自成一家。许道宁传世的作品有《渔父图》、《关山密雪图》、《秋山萧寺图》等。

　　郭熙是北宋后期山水画大家，他的山水画在李成的基础上有崭新的创造和提高，把北方山水画派推向新的水平，成为北宋一代山水画巨匠，他的作品和艺术见解都体现出那一时期山水画艺术的高峰。郭熙（约1023~1085后），字淳夫，河南温县人。他在神宗熙宁元年被召入宫廷画院，初授艺学，后升为待诏。郭熙的早年山水，精微细致，后取李成的技法，特别是他临摹李成六幅《骤雨图》受到启发，因而笔法大进，能自放胸臆，他虽然属于李成一派，但富有创造精神，技巧又非常精湛。他的艺术见解经他的儿子郭思整理成《林泉高致集》一书，对山水画创作进行深入浅出的论述剖析，是中古时期山水画论的重要著述。流传下来的郭熙的山水画有《早春图轴》、《关山春雪图轴》、

《窠石平远图轴》等，前人评他的画"自放胸臆，师法天章，笔壮墨厚，所作多重山复水，云物映带"。具有很高的艺术水准，影响了当时山水画的风格。

王诜（1048~1104后），字晋卿，祖籍太原，后为开封人，是北宋开国功臣名将王全斌的后代，他还是神宗赵顼的驸马都尉，官至定州观察使，一生仕途坎坷。他和文人画家苏轼、李公麟、黄庭坚等人切磋过诗画，苏轼称赞他是"郑虔三绝君有二"，十分推重。王诜的山水学李成一派而又有创新，既工于设色，也擅长水墨。他善于画烟江远壑、柳溪渔浦、晴岚绝涧、寒林幽谷、桃溪苇村等词人墨卿难状之景（《喧和画谱》卷十二），创造优美的意境，从中反映高旷的情怀。今天仍传世的佳作有《烟江叠嶂图》、《渔村小雪图》等。王诜在审美情趣上带有很大的贵族士大夫的特色，因而虽然学的是李成的技法，但和郭熙的风貌不同，所以他在当时虽然颇负盛名，但学他的人并不多。

总的说来，范宽一派的画家很多，但名家很少，所以在宋代影响最大的还是李成画派。

宋地图业繁荣

北宋时期的测量技术比较先进，当时常用的"水准仪"，其测量准确性非常高。著名科学家沈括在兴修水利工作中，曾利用这种先进仪器，测得从汴京上善门到泗水淮口之间840里130步的距离内，地势高差为19丈4尺8寸6分。元祐三年（1088），沈括根据《天下州府军监县镇图》及其他图经资料，并结合自己的实际测绘，制成《天下州县图》。此图比例为"二寸折百里"，计算准确，脉胳清晰，是当时世界上最先进的地图之一。

在西安碑林中，现保存有一块石碑，其正反两面各有一幅地图，是北宋绍兴七年（1137）绘制的《华夷图》和《禹迹图》。《华夷图》是一幅以"华"为主体，兼附四方少数民族及域外地区的中外地图，《禹迹图》是一幅按1:1500000的比例绘制的当时中国地图。著名地理学家德雷帕拉斯·鲁伊斯曾评论道："在埃斯科里亚地图于1550年问世以前，在欧洲根本没有任何一种地图可以和这幅《禹迹图》相媲美。"

四川荣县文庙有一块北宋末年的石碑地图《九域守令图》，按1:1900000

的比例绘制有 1400 多个行政地区，这是传世的有限几幅宋代地图中海岸线画得最为准确和迄今所见最早的以县为基层单位而绘制的全国行政区域图。

宋代地图，种类繁多，用途广泛，内容精细，在我国乃至世界地图学发展史上占有重要地位。

宋颁行《武经七书》

中国传统兵学到宋代最后趋向定型，其标志是《武经七书》的颁行。

《武经七书》的颁行，和宋代建武学、设武举紧密相联。在武学设立之前，宋就沿用唐武举选拔军官的旧制，武举考试的重要内容之一是古代兵法。武学设立之后，编辑选定一套标准的军事理论教科书更成为迫切的需要。中国古代兵书浩如烟海，良莠不一，为了便于学员学习，也为了给武举考试划定范围，元丰四年（1081），神宗下令国子监，选出一批精粹作为教材。朱服、向去非等人经过三年多努力，最后确定和校理了《孙子兵法》、《吴子兵法》、《司马法》、《六韬》、《尉缭子》、《黄石公三略》、《李卫公问对》七部兵书，宋神宗命名为《武经七书》，刻版颁行，作为教材。

《武经七书》在中国军事学术史上占有重要地位，它是我国古代战争实践经验的概括和总结，是古代军事理论的精华和优秀代表。它的颁行，奠定了中国传统兵学的基础，标志着中国传统兵学的定型。它一直作为一个整体被广为流传，产生了重大影响，南宋、明、清都将《武经七书》作为武学取士的重要内容。

宋农学兴盛

宋代，由于农业生产的发展和宋朝政府对推广农业科技知识的重视，农学空前发达起来，在我国农学发展史上具有重要的地位。

宋代农书的数量远远超过了前代，农学有不少新的发展；首先，论述农桑经营和耕作技术的综合性农书大大增加，并且出现了像邓御夫所著 120 卷

的《农历》那样的巨作。其次，谱录类农书和专科研究的农书，在宋代增加最多。最后，在农学中出现了"劝农文"和"耕织图"的新形式。

邓御夫的《农历》卷数比明代《农政全书》多一倍，体例比《齐民要术》还要完备。可惜，此书因篇幅巨大，没人资助刊刻，很早就失传了。宋代流行最广的综合性农书有贾元道的《农孝经》1卷，王岷的《山居要术》3卷和何亮的《本书》3卷，以及《真宗授时要录》、《耒耜岁占》、《十二月纂要》、《陈旉农书》、《耕织图》

《耕织图》中的花楼机图

等十多种，现大多已失传，现存的仅有《陈旉农书》和《耕织图》。这两书都是谈江南农业生产情况的。尤其是《陈旉农书》的出现，是中国江南地区农业生产精耕细作技术体系形成的标志。

谱录类农书和专科研究的农书，约占宋代全部农书的78%。这类农书中，有不少所研究的问题带有开创性，具有很高的学术价值。北宋蔡襄的《荔枝谱》和南宋韩彦直的《橘录》（又称《永嘉橘录》），总结记载了我国古代果农关于荔枝和柑桔的栽培经验，是中国以至世界现存最早的果树专著。各种谱录中，花木专著最多，总计达32种之多，其中现存较著名的有欧阳修的《洛阳牡丹记》，陆游的《天彭牡丹谱》，刘蒙的《菊谱》，王观的《杨州芍药谱》等十多种。关于

宋《耕织图》早佚，后代有摹本。图为元人绘制的《耕织图》。

茶和畜牧兽医的专著，也是宋代农书中的两大宗，前者有 22 种著作，现存的只有陶穀的《荈茗录》、蔡襄的《茶录》等九种；后者有 20 种著作，尚存的也仅有唐李石原著，经宋人一再增补而成的八卷本《司牧安骥集》。另外，北宋哲宗期间，曾安止所著《乐谱》是我国最早的水稻品种专著。陈玉仁"欲尽菌性而究其用"所著的《菌谱》，是我国也是世界上最早的菌类专著。陈翥的《桐谱》也是世界上最早论述泡桐的科技专著。

"劝农文"和"耕织图"用通俗的文字和图象介绍农业技术，推广农业。

"劝农文"篇幅短小，文句简炼，其内容主要是宣传农业生产技术。

由宫廷发展到民间的耕织图，在宋代曾被广泛采用，用来宣传和推广耕织技术，其中较著名的有南宋楼王寿以及刘松年的《耕织图》。

沈括著《梦溪笔谈》

元丰五年（1082），西夏攻永乐（今陕西省米脂县西）、绥德（今陕西省绥德县）二城，沈括奉命力保绥德，因永乐失守，连累坐贬。元祐三年（1088）退居润州（今江苏省镇江市），筑梦溪园，在园中开始撰写《梦溪笔谈》。

沈括（1031~1095），字存中，钱塘（今浙江省杭州市）人。中国北宋科学家。熙宁年间曾积极参与王安石变法运动。熙宁九年（1076）任翰林学士，权三司使。

《梦溪笔谈》是一部百科全书式的光辉著作，无论在中

沈括像

国还是在世界上都享有很高的声誉。该书共26卷。又《补笔谈》3卷，《续笔谈》1卷。以笔记为体裁，分故事、辨证、乐律、象数、人事、官政、机智、艺文、书画、技艺、器用、神奇、异事、谬误、讥谑、杂志、药议十七目，凡

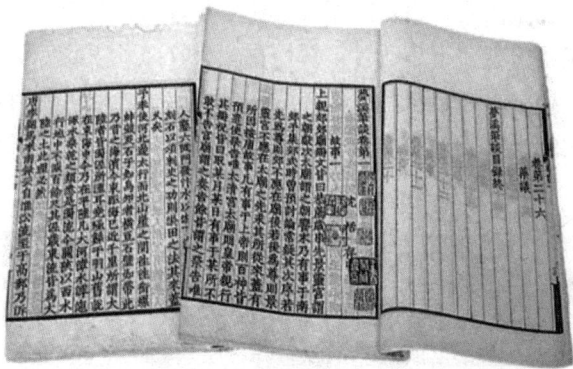

《梦溪笔谈》清刊本

609条。其内容涉及物理、天文、数学、化学、生物、地质、地理、气象、医学、工程技术、文学、史事、音乐、美术等。其中涉及的自然科学部分总结了我国古代，尤其是北宋时期自然科学的成就，详细地记载了劳动人民在科学技术方面的贡献。沈括在书中首次指出了地磁场存在磁偏角；最早记载了一种简便的人工磁化法，即"以磁石磨针锋"造指南针；详细论述了指南针的四种装置方法；首创了分层堰法测量地形；最早提出"石油"这个科学的命名，沿用至今；提出了完全按节气来定一年的日历安排的方案等。

宋弃米脂等四寨

元祐五年（1090）二月，宋弃米脂、葭芦、浮图、安疆4寨与西夏，成为宋夏关系中一个重要事件。

熙丰时期，宋方虽有灵州、永乐之败，但却获取了广阔的疆域和葭芦、吴堡、米脂、义合、浮图、塞门等重要的军事要塞，从而有力地扼制了西夏的南犯，宋方在战略地位上处于优势。旧党上台后，除了在国内极力攻击新法、新党外，在对西夏关系上，也一反熙丰所为，欲将所获得的西夏之地还给西夏。

元祐四年（1089）、夏天仪治平四年十一月，宋哲宗曾下诏说，只要西夏将永乐城之战中俘获的将士交还宋朝，宋朝即可放弃米脂（今陕西米脂）、葭芦（今陕西佳县）、安疆（今甘肃华池东）、浮图四寨之地，将这些地方

归还给西夏。西夏国相梁乙逋下令将寻找到的宋朝一百五十五人送到边境，交还宋朝，于是西夏不费一兵一卒收回了四寨领土。当时范育、刘昌祚等人坚决要求划定双方领土界线，再将四寨之地交还西夏，但宋哲宗没有采纳他们的意见。

唐慎微收集本草药方

本草学的发展在宋代形成一个高潮。开宝六年（973），《开宝本草》修成，比唐《新修本草》增加药物 133 种；嘉祐六年（1061）《嘉祐本草》成书，又增加药物 100 种；次年苏颂撰成《图经本草》，是刊本本草有图之始，反映了嘉祐年间全国药物大普查的丰硕成果。但后二书独立成书，不便检阅。

元丰五年（1082）前后，民间医师唐慎微融合《嘉祐本草》和《图经本草》二书，补充了药物及经史百家书中摘引来的大量药物资料，编成《证类本草》（全称《经史证类备急本草》）一书，囊括了北宋以前主要本草的精华，成为北宋药物学集大成之著。

唐慎微字审元，蜀州晋原（今四川崇庆）人，后迁居成都行医。他医术高明，但为士人治病，不要报酬，只求为他提供药物资料，为成就《证类本草》做了扎实而广泛的征集工作。全卷 60 余万言的《证类本草》在广泛的文献辑录基础上，收药 1748 种，比《嘉祐本草》和《本草图经》多载药 527 种，保存了许多已散佚的医方，《雷公炮炙论》、《食疗本草》、《本草拾遗》等重要药学著作的许多内容得以留存。全书内容广泛，行文层次分明，先后有序，对资料出处说详加标注，由此可见宋以前主要本草层层增补的发展脉络。所增补的药物主要来源于唐及五代几部本草，为《开宝本草》、《嘉祐本草》未入选者，疗效好的甚少，但据此可了解药物发展的概况，仍有一定文献价值。

日暮西山

苏轼诗歌多姿多彩

　　苏轼在开拓宋词的同时，把写诗作为日常功课，一直坚持到晚年。苏诗今存 2700 多首，反映了诗人丰富的生活阅历和广泛的艺术情趣。

　　苏轼毕生从政，重视文学的社会作用。他写了许多抨击时政、反映民生疾苦、关心国家命运的诗。他的政治讽刺诗《荔枝叹》、《李氏国》等通过具体事件的描绘，控诉了封建统治者为满足个人欲望而不顾百姓死活的罪恶，抨击了以人民血汗来"争买新宠"的当朝权贵。另一些政治讽刺诗基于对人民的真诚同情，反映了新法推行时的流弊，虽有偏激或夸大之处，但比较真实地表现了劳动人民的疾苦和他们挣扎在死亡线上的情绪。其中《吴中田妇叹》一首在苏轼获罪的"乌台诗案"中曾被列为罪证之一。此外，《读开元天宝遗事》、《骊山绝句》等借古讽今，寄托了诗人对北宋王朝前途的隐忧。

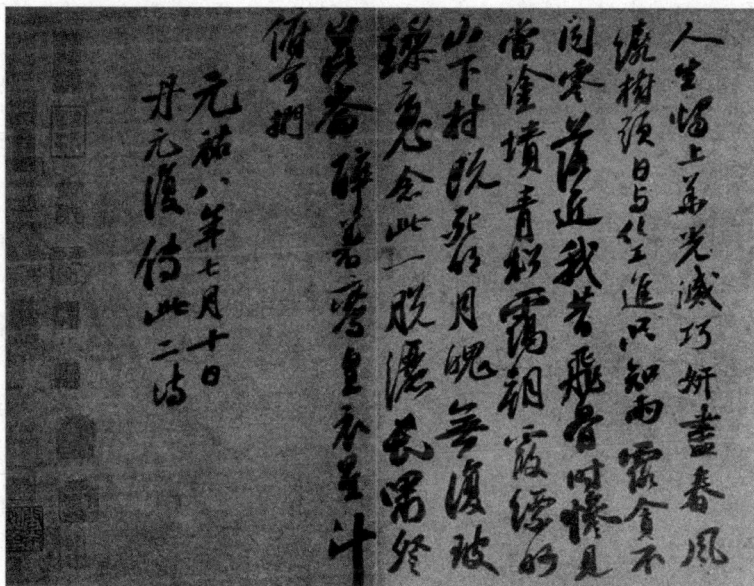

苏轼《李白仙诗卷》书法作品，受颜真卿、杨凝式二家影响，并变古创新，创出新书风。

苏轼还有少数诗篇表达了他在军事上的见识和为国破敌的雄心，如《和子由苦寒见寄》、《阳关曲》、《获鬼章二十韵》等。

苏轼写得最多、艺术成就也最高的是抒发个人情感和吟咏自然景物的诗篇。《游金山寺》描写了江上落日和月色，由长江到海不归感叹自己的宦游不归；《和子由渑池怀旧》借"雪泥鸿爪"的比喻，抒发了对人生来去无定的惆怅和对前尘往事的眷念。

苏轼一生三度遭贬，四处宦游，足迹几乎遍及当时中国的重要州郡。在他的诗中有蜀中风光，有江南晴雨，有北地名胜，有岭南风物。他的写景诗有两个特点：一是充满情趣，把寻常景色写得精警动人。把日常生活写得美好可爱。二是富于理趣。善于捕捉日常生活和自然景物的特点，在诗中表达他的新颖见解，饶有趣味又富于哲理性。理趣在唐诗中不多见，出现在苏轼诗中才开始引人注目，从而成为宋诗的一个特征。

苏轼在艺术方面有很高的造诣和鉴赏力，常常以诗题画、论诗、评书法。如《王维吴道子画》、《读孟郊诗》、《石苍舒醉墨堂》等等，均表现了他的审美情趣和艺术见解，有些写得十分生动形象。如《惠崇春江晚景》的"竹外桃花三两枝，春江水暖鸭先知"。又如《韩干马十四匹》写群马各具神态，巧夺画工。但这类诗存在着以学问为诗、以议论为诗的倾向。

苏轼诗歌的最大艺术特点是比喻丰富，生动贴切。如以"紫金蛇"比闪电；以"西子"比西湖；以"雪泥鸿爪"比喻行止无定的人生；以"兔走鹰隼落"、"骏马下注千丈坡"、"断弦离柱箭脱手"、"飞电过隙珠翻荷"等一系列形象来形容徐州百步洪的声势。苏诗的另一特色便是散文化、议论化的倾向。这种倾向一方面有助于抒写的自由和格律的流畅，另一方面却有损于诗的形象性和韵律美。在形式方面，苏诗各体皆工，尤长七言。他的七古、七律、七绝都写得很出色，有些篇章可以媲美唐人。

苏轼诗歌舒卷自如，风格多样，但其基调是浪漫主义的，其雄杰奔放直追前人。"春秋古史乃家法，诗笔离骚亦时用"、"当时何人送临贺，至今有庙祀潮州"，表现了他对文章事业的自信和对政治挫折的超脱。于是他的诗中便有了"江神河伯两醯鸡，海若东来气吐霓，安得夫差水犀手，三个强弩射潮低"的气魄，有了"山城酒薄不堪饮，劝君且吸杯中月"的奇想。显然他继承了李白的浪漫主义传统，形成了自己的艺术个性。

宋辽金夏

1091~1100A.D.

1091A.D. 宋元祐六年　辽大安七年　夏天祐民安二年

十一月，宋颁行元祐观天历。

1093A.D. 宋元祐八年　辽大安九年　夏天祐民安四年

九月，宋太皇太后高氏死，宋帝始亲政。

1094A.D. 宋元祐九年　绍圣元年　辽大安十年　夏天祐民安五年

于是渐复熙宁新法，召用新党被贬诸人，责降元祐诸旧党。

宋诏役法一依元祐未改出前条例。

1097A.D. 宋绍圣四年　辽寿昌三年　夏天祐民安八年

宋再贬元祐旧党。三月，夏侵宋麟州，又扰葭芦城；宋大败夏兵于长波川。四月，宋兵入夏边，破洪州，入盐州；八月，宋复宥州。

1100A.D. 宋元符三年　辽寿昌六年　夏永安三年

正月，宋哲宗死，弟佶嗣，是为徽宗，皇太后向氏权同听政。于是渐收召责降元祐旧党。

李诚修《营造法式》成书。

西夏译西夏文大藏经。

1092A.D.

阿拉伯苏丹马利克沙卒，其子巴克雅鲁克嗣位，王朝争端始。乱事四起，各地之塞尔柱酋长几皆形同独立。

1093A.D.

英格兰威廉二世病危，自忖将死（其实未死），提名意大利人安瑟伦为坎特伯里大主教以为忏悔，安瑟伦亦为中古有地位之经院哲学家，属"唯实论"派，与罗塞来那斯齐名。

1094A.D.

法王腓力为离婚事与教皇乌尔班发生争执，被后者驱逐出教。

1096A.D.

第一次十字军于本年形成。

第一次十字军之第一二部分抵达君士坦丁堡后，皇帝即命之渡海峡至小亚细亚，为土耳其人全数歼灭。同年其他部分十字军亦到达君士坦丁堡。

1099A.D.

第一次十字军占领耶路撒冷，组耶路撒冷王国，部永之高弗黎当选为国王。

以服务巡礼者为目的之圣约翰病院武士团本年成立，但随十字军之进展，武士团亦变成一世俗团体。

苏颂制造天文仪器

苏颂（1020~1101），中国宋代著名的天文学家，字子容，福建泉州南安人。他主持制作水运仪象台并撰写设计说明书《新仪象法要》，书中收录其绘制的中国历史上最重要的星图之一——全天星图，他还改造了天象仪的鼻祖——假天仪，反映中国古代天文学高峰时期的杰出成就。

苏颂从小就熟读四书五经，22岁中进士入仕途，终身从政，担任过馆阁校勘、集贤校理、刑部尚书、吏部尚书及宰相。元祐元年（1086）他奉命校验新旧浑仪，在吏部守当官韩公廉的帮助下，于元祐七年（1092）集合一批工人制造出一座把浑仪、浑象和报时装置三组器件合在一起的高台建筑，整个仪器用水力推动运转，经变速和传动装置使三部分仪器联动，浑仪和浑象可自动跟踪天体，又能自动报时，后称水运仪象台。仪器共分三层，约高12米、宽7米，上狭下宽，底层是全台的动力机构和报时钟，中层密室内旋转着浑象，上层是屋顶可启闭的放置铜浑仪的观察室。这是当时世界上最高水平的天文仪器，对世界天文学的发展起过举足轻重的推动作用。它是世界上最早出现的融测时、守时和报时为一体的综合性授时天文台，是保留有最早详细资料的天文钟，可能是欧洲中世纪天文钟的祖先，而水运仪象台上层的铜浑仪是典型的赤道装置，代替望远镜的是一根望铜，这一发明比英国威廉·拉塞尔和德国夫朗和费在望远镜上使用转仪钟早了8个世纪。它也是世界上首次采用活动天窗观测

苏颂像

室的仪器，现代天文台观测室的天窗都活动启闭，既方便观测又便于保护仪器，水运仪象台上层放铜浑仪的小屋，其屋顶就可开合。它是世界文明史上无与伦比的一颗明珠。

苏颂为能更直观理解星宿的出没，又提出设计一种"人在天里"观天演示仪器，即假天仪，它是用竹木制成，形如球状竹笼，外面糊纸，按天上星的位置在纸上开孔，人在黑暗的球体里透过小孔的自然光，好象夜幕下仰望天空。人悬坐球内扳动枢轴，转动球体，就可以设身处地地观察到星宿的出没运行。

而近代的天象仪是通过小孔发光射到半球形天幕上来演示星空的，因而假天仪是近代天文馆中使用天象仪进行星空演示的先驱。

水运仪象台复制品，西方学者把这座小型天文台看成是中世纪天文钟的祖先。

宋采用胆铜法制铜

宋哲宗年间（1086~1100），江西饶州等地已用胆铜法产铜。其间，著名的四大铜场：信州铅山场、饶州兴利场（在今江西）、韶州岑水场（在今广东）、潭州永兴场（在今湖南）除生产"石铜"（用矿石冶炼的金属铜）外，都生产胆铜。至徽宗时（1101~1125），胆铜矿床达11处，规模都相当大。绍兴三十二年（1162），饶州铅山、兴利、韶州岑水、潭州永兴四大铜场，年收胆铜量分别为38万斤、5万余斤、80万斤、64万斤。

远在西汉，这种技术就已发现，是由炼丹家首先创造出来的，他们追求"点铁成金"的技术，未得真金，却发明了比真金还更有价值的胆铜法，成为世界湿法冶金的鼻祖。其原理是：铁比铜的活动性强，将铁器浸入硫酸铜溶液后，发生了置换反应，使铜分化出来附着在铁器上。此法也称"水炼法"、"水冶法"或"湿法"，硫酸铜古名"石胆"或"胆矾"，也称"胆铜法"。

胆铜法在欧洲要晚五百多年才出现，十五世纪五十年代，欧洲人对这种技术非常惊奇，无疑它是对世界文明的一大贡献。

哲宗新班·新法复行

元祐八年（1093）八月，宋太皇太后高氏病卒。做了 9 年有名无实的皇帝之后，18 岁的赵煦终于得以亲掌朝政，是为哲宗。

高太后临朝 9 年，废新法苛政，召用司马光、苏轼等旧臣。她掌权时，朝廷清明，外戚家不得沾私恩，连敌国辽邦亦许之为女中尧舜。但赵煦自负英明，急欲建功，对神宗用王安石变法、以图富国强兵向往已久，早已不甘于祖母长期掌权，高太后反对新法更是令他不满。因此，亲政的第一件事，便是把王安石变法的反对者、礼部尚书苏轼贬去做定州知府。于是，朝野皆知，皇帝又要行新法了。

赵煦亲政的次年三月，亲自主持殿试，内容是颂扬神宗皇帝英明如尧舜，颂扬新法利国利民，再一次发出要恢复新法的讯号。四月，赵煦改元绍圣元年，意思是要追随神宗之政，决心恢复熙宁、元丰以来的规章制度。

浙江绍兴市的沈园，现为纪念沈括之场所。

与此同时，赵煦起用新党，打击旧党。高太后一死，他便将被排挤出朝的新党迅速召回，而疏远她所提拔的元祐旧臣。门下侍郎苏辙婉转指出神宗变法的得失，劝赵煦不可轻变元祐规章，赵煦一怒之下将这位朝中重臣贬去做知州，起用新党章惇为相，章惇又引进蔡卞等党羽居要职、塞言路，对旧党展开全面的打击报复。

改元当年起，赵煦也同时逐步恢复了熙宁旧法。四月，命令开封府依神宗元丰八年（1085）所行法度，恢复免役法，后又命天下诸路照此全面恢复免役法；闰四月，改革元祐科举制，罢十科举士法；五月，诏命进士罢诗赋，专治经术。

泥活字版

绍圣二年（1095），恢复青苗法。绍圣四年（1097），重置市易务。元符元年（1098），重新恢复常平、免役、农田水利、保甲等法。这一段时间里，各项新法与神宗在位时的模式基本一样，只是对某些可能产生弊端处略加改革。

王安石在神宗时所行的变法，用心本是良苦，但神宗一者急于求成，二者听不得忠谏之言，所以变法政策徒然落得劳民伤国。哲宗效仿先帝之政，也没有摆脱这两桩弊病，所用新党，多是小人奸臣，变法仍然难见成效。

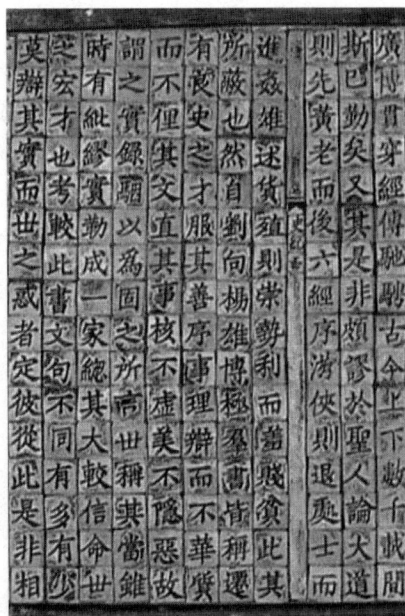

沈括去世

宋哲宗绍圣二年（1095），科学家沈括去世。

沈括（1031~1095），杭州钱塘人，字存中。他是个天生的科学家，其成就都是在仕宦之余完成的。熙宁七年（1074），他任河北西路察访使；九年改任翰林学士、权三司使；元丰三年（1080），拜宫为鄜延路经略安抚使；五年，因永乐城之败贬官，晚年安居润州（今江苏镇江）梦溪园。

沈括博学多闻，在物理、数学、天文、生物、医学上都有重要贡献。数学上他创"隙积术"（二阶等差级数求和法）和"会图术"（求弧长的近似公式）。物理上他发现地磁偏角的存在，比欧洲早400余年。他的"秋石方"记载了世界上最早的荷尔蒙制剂的制备方法。他还创制了科学的十二气历；意识到石油的价值，表现了卓越的科学见识。

他晚年写成的科学名著《梦溪笔谈》记载了丰富的科学见闻和沈括本人的科学发现和认识。而北宋的许多科技发明，如活字印刷术、指南针应用术等也赖此书记载而流传。《梦溪笔谈》不仅是中国古代的科学巨著，在世界科技史上也有重要地位。

女真兴起

11世纪末，居于按出虎水（今黑龙江哈尔滨市东南阿什河）的女真族完颜部逐渐强大。

女真旧称鞑靼，属通古斯族，五代时始称女真。辽兴起于北方时，女真分为两部，南部属辽，称熟女真；北部不为辽属，称生女真。生女真的完颜部从邻族传入铁器，置官属，修弓矢，备器械，逐渐强盛。辽想加以控制，就命完颜部酋长乌古乃为生女真节度使。完颜部借此与其他女真部结成联盟，

金代彩绘陶罐

征讨不服从的部落，威声渐震。

乌古乃之子盈歌继任盟长，孙阿骨打为辅，皆受辽封号。辽寿昌二年（1096），辽捕鹰使者为阿阁版所获，赖盈歌救还。同年，辽大国舅帐解里谋叛，亡入女真，辽兵追来，纷纷被帐解里击败。又赖盈歌与阿骨打出兵，斩解里，破叛军。经过此役，辽兵疲弱之状被女真看穿，渐不把辽放在眼内。盈歌只将解里首级献于辽，俘虏全部扣留自用，辽人无可奈何，反而升盈歌和阿骨打的官职。盈歌死后，兄子乌雅束继立，东和高丽，北收诸部，女真渐有与辽争衡的实力。

金代铜虎符

新党罗织"同文馆之狱"

绍圣四年（1097），新党罗织"同文馆之狱"，再度策划了一起重大的打击旧党的事件。

事起于刘挚、吕大防为相时，文彦博子文及甫正居丧，他曾被刘挚弹劾外调，这次恐除丧后不得京官，便致书好友邢恕，其中约略有"司马昭之心路人皆知，又济以粉昆，可为寒心"等语，司马昭隐指宰相，而粉昆则指韩忠彦（忠彦是驸马嘉彦之兄，而驸马又俗号粉侯），邢恕本尽知道，但他却将此信交给已故新党领袖蔡确之子蔡谓，唆使他上奏朝廷，以此书作为刘挚、吕大防陷害蔡确、并意图倾危社稷的证据。

于是，宋廷置狱同文馆，逮捕文及甫审问此事。蔡京主治此狱，其同党章惇为辅。章惇诱骗文及甫诬供刘挚、王岩叟、梁焘等人，于是及甫诡称"司马昭"是指刘挚；"粉"指王岩叟，因其面白；"昆"指梁焘，因梁焘字况之，况字右旁从兄，乃称为"昆"。

章惇得供大喜，欲以此定刘挚阴谋废立的大罪，以迫害元祐诸臣，但文及甫却不肯断定刘挚等有谋逆之事。此案牵连多人，始终无从考实，向太后亲自问哲宗进言罢狱，结果文及甫释放，蔡京、章惇升官，此案不了了之。

章惇心有不甘，又上书称司马光、刘挚、梁焘、吕大防等变神宗之法，不愿哲宗亲政，有欺君之罪。于是哲宗下诏禁锢刘挚、梁焘的子孙，削王岩叟诸子官职。

《营造法式》成书

北宋时，出现了两部建筑专著，一部是民间匠师喻皓撰写的《木经》，另一部是由将作少监李诫于北宋绍圣四年（1097）奉敕编修的《营造法式》。前者已佚，后者保存至今。

《营造法式》是一本建筑设计规范和手册，于北宋元符三年（1100）编成，崇宁二年（1103）刊行颁发，成为中国古籍中最完善的一部建筑技术专书。中国建筑的发展至唐宋，无论在外形、风格及木结构方面，与后期的建筑有明显的差别。而北宋正处于这个转变的开始，《营造法式》恰巧完成于这个关键时期，它保留着宋以前唐代建筑的遗迹，也出现了后期建筑的萌芽，具

北宋时山西太原晋祠圣母殿

有承上启下的性质，是研究八世纪以后中国建筑发展史的重要典藉。

《营造法式》全书可分为五个主要部分，共 34 卷，除此之外，在全书之前还有"看详"和"目录"各一卷。在"看详"中，说明了在建筑设计和施工中的若干规定，一些几何形的计算方法，以及在施工中取正定平和当时的一些施工定额的计算方法等。

《营造法式》中关于结构设计、大木作制度，开章有明确规定，按此制度可设计出建筑比例恰当、结构合理的木结构房屋来。这种模数制的使用，既简化了建筑设计手续，又便于估算工料和进行各部分构件，预制加工，使房屋施工可齐头并进，提高速度。这种方法一直延续到清朝，设计模数制的应用于预制装备化施工，成为中国建筑的主要特征之一。

在雕刻、彩画等方面及构件的艺术加工上注意与建筑构造密切相合，采用几何的方法求得梁、柱、斗栱、椽头等轮廓曲线，无论在装饰部位、采用材料，或加工方法上都能按照建筑装饰与结构统一的原则，成为中国建筑的另一个特征。

《营造法式》基本上是历来工匠师承相传的经验总结，是宋代建造宫殿、寺庙、衙署、府第等木结构设计、建造方法的总结，因此，在一定程度上反映了当时中国北方，特别是中原地区的建筑技术与艺术水平。

建筑斗栱使用定型

斗栱是中国传统木构架体系建筑中独有的构件，用于柱顶、额枋和屋檐或构架间，北宋末年李诫的《营造法式》（绍圣四年）中称为辅作，清工部《工程做法》中称斗科，通称为斗栱。亦写作枓栱。

斗栱的演变大体可分三个阶段。第一阶段为西周至南北朝，斗栱孤立地置于柱上或挑梁外端，分别起传递梁的荷载于柱身和支承屋檐重量以增加出檐深度的作用；第二阶段为唐代至元代，斗栱同梁、枋结合为一体，除上述功能外，还成为保持木构架整体性的结构层的一部分；第三阶段为明代至清代，斗栱的结构作用蜕化，成了在柱网和屋顶构架间主要起装饰作用的构件。

斗栱三个发展阶段中，第一阶段尚未定型，第二阶段的形制和构造，可以宋《营造法式》中看出已经定型。

《营造法式》对大木作的叙述特别详细。书中每一组斗栱称一朵，在柱止处的叫柱头辅作，角柱上的叫转角辅作，二柱之间阑额上的叫补间辅作。

每朵最下部有一托住整组斗栱的大斗，称栌斗。栌头一般用在柱列中线的上边。栌斗上开十字口放前后和左右两向的栱，前后向（内外）挑出的称华栱，左右向的称泥道栱。

华栱可挑出一至五层，每挑一层称一跳；挑向室外的称外跳，挑向室内的称里跳。

同华栱成正交的栱称横栱，除泥道栱外，最外一跳华头上的横栱称令栱，用以承托外檐的橑檐方（即枋）和承托内檐天花（平棋或平暗）的算程方。

在柱心泥道栱和外跳令栱之间各跳跳头（即华栱头）上的横栱，都称瓜子栱。瓜子栱、泥道栱上可直接承托方术，也可再加一层横栱，称慢栱，瓜子栱、慢栱上的方术称罗汉方；宋式斗中向外挑出的构件除华栱外，还有斜置的上昂和下昂。下昂大体平行于屋面，昂尾压在梁下或枋（即檩）下。上昂自斗栱中心向外上方斜出，以承令栱。

下昂的作用是在少增加斗栱高度的条件下增加挑出长度；上昂的作用是在少增加挑出长度的条件下增加斗栱高度。各层栱间用斗垫托、固定，斗位于栱的中心、两端或栱与昂等相交处。

华栱头上的斗叫交互斗，在横栱中心的叫齐心斗，两端的叫散斗。斗栱以榫卯结合，出跳栱昂的卯口开在下方受压区，横栱的卯口开在上方。栱上的斗用木销钉与结合，斜置的昂则用昂栓穿透到下层的栱中进行固定。

宋式斗栱直接影响了之后的清式斗栱的形制和构造，它的演变可看作是中国传统木构架建筑形制演变的重要标志。

宋夏爆发平夏城之战

宋军多次挫败西夏在边境地区的军事挑衅。元符元年（1098）十月，西夏复扰平夏城，宋军奋起御敌，大捷。此后，宋军增强边防力量，西夏惧而请和。

西夏在边境的骚扰自宋哲宗继位后从未停止过。绍圣三年（1096），宋廷接受章惇建议，对夏采取强硬政策，停止与之分割地界，并渐绝岁赐。

次年（1097），夏人扰绥德，侵麟州，又至葭芦城，结果为宋将击退，并反攻入夏边境，破洪州，入盐州及宥州。又依地势筑起平夏城（今宁夏同心南）和灵平砦（今宁夏固原北），以扼制西夏。不久，又命西北沿边诸路于要害处，修筑堡砦50多所，逐步完成对西夏步步进逼的态势。

至宋元符元年（1098）十月，两国之间的一场大战不可避免地爆发了。西夏以数十万之众包围平夏城，猛攻十余日，不果退却。宋泾原经略使案遣折可适、郭成率轻骑夜袭，结果大胜西夏军，擒夏将嵬名阿埋、妹勒都逋。西夏上下大为震恐。

接着，宋军乘胜进筑西安州（今宁夏海原西）和天都砦（今宁夏海原南），夺取天都山、横山，构成对西夏的严重威胁。元符二年（1099）二月，夏国遣使向宋谢罪，宋不受，又在神堆（今陕西米脂西）大败夏兵。西夏转而向辽求助，辽朝从中斡旋，宋廷终于同意其请和，西夏进誓表与宋约和。

黄庭坚开新书风

黄庭坚在运笔、风格上变更古法，追求书法的胸怀、意境，开拓了一代书风。他对书法艺术的独到思想大多集中在《山谷集》中。他反对食古不化，强调从精神上对优秀传统的继承，强调个性创造，注重心灵、气质对书法创作的影响。在风格上，反对工巧，强调生拙。他的书法思想对后世影响颇大，并且这些思想，都可以与他的创作相印证。

中华文明

日暮西山

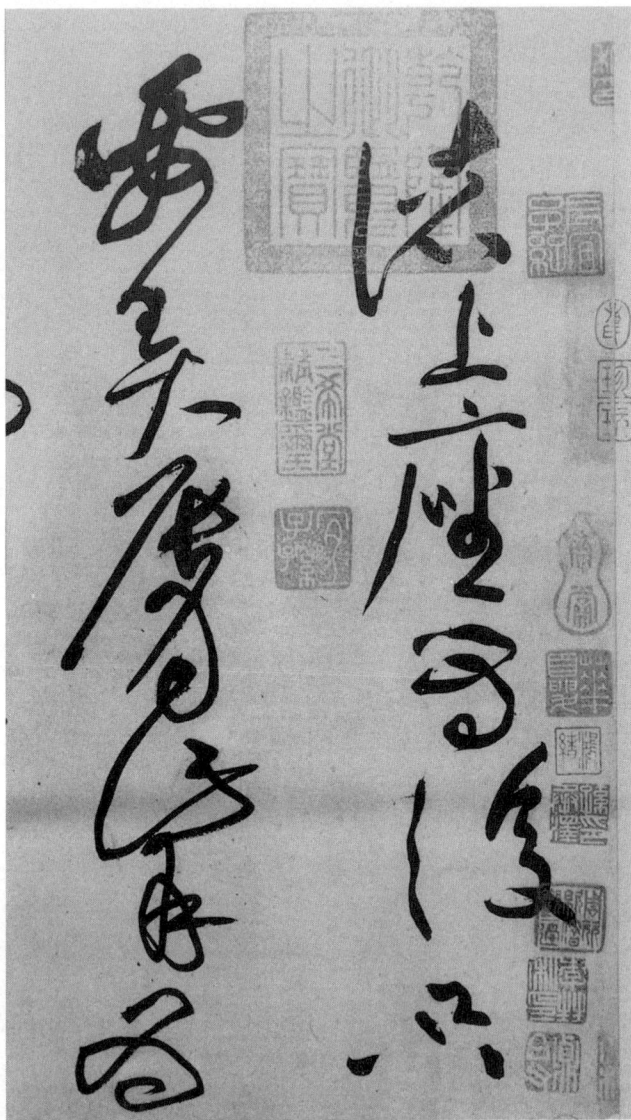

黄庭坚《诸上座》草书作品

黄庭坚《李白忆旧游诗卷》书法作品

　　黄庭坚学书三十年，初以周越为师，晚得苏才翁、子美书观之，于是得古人笔意，其后又得张长史、僧怀素、高闲墨迹，乃窥书法之妙。他对颜真卿、杨凝式也十分推崇。讲究用笔方法，说"字中有笔，如禅家句中有眼"，"用笔之法，欲双钩回腕，掌虚指实，以无名指停笔，则有力"。他的书法纵横奇倔，波澜老成，结构中宫紧集，长笔肆意伸展作辐射状，豪荡而富有韵味，用笔疾中有涩，长划与撇捺时而出现战笔。

　　黄庭坚的书法，小字行书《婴香方》、《王长者墓志稿》、《泸南诗老史翊正墓志稿》等为代表，书法圆转流畅，沉静典雅。大字行书有《黄州寒食诗卷跋》、《伏波神祠字卷》、《松风阁诗》等，都是笔画遒劲挺拔，而神闲意浓。草书有《李白忆旧游诗卷》、《诸上座帖》等，结字雄放瑰奇，笔势飘动隽逸，在继承怀素一派草书中，表现出黄书的独特风貌。

　　值得一提的是黄庭坚的草书成就。宋四家中蔡、苏、朱都擅长行书，而黄庭坚草书雄视当代，是继张旭、怀素之后宋朝最重要的有创造性的草书大家，沈周称他为"草圣"。《李白忆旧游诗帖》多用侧锋，《诸上座帖》中锋与侧锋并用，笔法变化丰富，帖中重复的字很多，开首一连七个"执着"，写来不觉雷同，中间一段行笔加快，末段渐收，多用中锋，加强苍劲之力。

027

此外如"点"的书写，也是有独到之处的，在全篇中有画龙点睛之妙。

黄庭坚在绍圣年间（1094~1098）得见怀素《自叙帖》，笔下顿觉超异，可见他能师出古人而有新意，最后自成风格开创了新的书风，成为我国书法艺术史上又一朵奇葩。

黄庭坚开诗歌新流派

北宋末期，黄庭坚在总结自己的诗歌艺术特点的基础上，形成了一套完整的作诗技巧方法，并开创了新的诗歌流派——"江西诗派"。

黄庭坚（1045~1105），字鲁直，号山谷，又号涪翁，洪州分宁（今江西修水）人，自幼聪颖过人，熟读经史百家之言论，宋英宗治平四年（1067）考取进士，随后走上仕途，先后任汝州叶县（今属河南）县尉、北京（今河北大名）国子监教授，吉州太和（今江西泰和）县令，一度曾入宫为参详官，编修《神宗实录》，后受当权派迫害，被贬为涪州（今四川涪陵）别驾，黔州（今四川彭水）安置，最后被贬到宜州（今广西宜山），直到终年。

作为一个诗人，黄庭坚强调用词的精炼与准确性，每用一字，都要起到一定的震撼力，即所谓"用一事如军中之令，置一字如关门之键"。他的诗歌特点，在写景、遣怀、寄识等抒情诗中，无不用词精炼，抒情深浓，给人以美的享受。

黄庭坚在诗歌方面最主要的成就还应在他开创了新的诗歌流派——"江西诗派"。江西诗派的主要代表人物除黄庭坚外，还有陈师道、陈与义等。

江西诗派的主要理论观点是"夺胎换骨"、"点铁成金"，这是有关引用古人诗句的方法问题，即只能引用古人诗句以作陶冶之用，不能全盘照搬。要做到这一点，就必须作者本人自有主旨，"凡作一文，皆须有宗有趣"。对于理与辞的关系，他肯定以理为主，以辞为辅。"以理为主，理得而辞顺"。

江西诗派的另一个理论观点是：要求诗人在掌握艺术技巧的基础上，摆脱技巧的束缚，而自成一家。这一点对江西诗派的诗人影响很大，黄庭坚的诗以生新瘦硬见长，陈师道的诗则比较朴拙，陈与义的诗又趋向于雄浑博大。正是这一点各成一家的风格使得江西诗派在文学史占有重要的地位。

江西诗派到了南宋年间，在诗坛上的影响比北宋年间有过之而无不及，杨万里、陆游、姜夔在诗歌艺术上都受江西诗派的深厚影响。

诸宫调流行于宋金

诸宫调是宋金时期十分流行的一种说唱体文学形式。它以同一宫调的若干曲牌联成短套，首尾一韵，再集合不同宫调的若干短套联成可以说唱的长篇故事，因此称为"诸宫调"。

诸宫调兴起于北宋民间。根据宋人王灼《碧鸡漫志》的记载，北宋熙宁至元祐年间，泽州（今山西晋城）人孔三传首创诸宫调。他将唐宋以来的大曲、词调、缠令、缠达、唱赚以及当时北方流行的民间乐曲，依声律高低归入不同宫调，用以说唱传奇故事。南宋时，诸宫调相当流行，曲调腔谱出现了变化，产生了南诸宫调。同时，诸宫调也传入了北方金国的燕京等地，并在音乐上有了变化。宋末元初，诸宫调仍较流行，艺人们尚可冲州撞府，四处流动演出。至元末，诸宫调才渐趋衰落。从诸宫调的作品创作来看，前期诸宫调在音乐上与宋代伎乐有承继关系。金代无名氏的《刘知远诸宫调》和金人董解元的《西厢记诸宫调》中所用的宫调接近宋代教坊所用；而元人王伯成的《天宝遗事诸宫调》在音乐上则与元曲接近。

宋、金诸宫调的题材相当广泛，涉及烟粉、灵怪、神话、历史等内容。佚失的作品有名可考的就有《郑子遇妖狐》、《井底引银瓶》、《双女夺夫》、《离魂倩女》、《柳毅传书》、《三国志》、《五代史》、《六臂哪吒》、《七国志》等等。《西厢记诸宫调》是迄今唯一保存完整的诸宫调作品，标志了当时说唱文学的水平。

诸宫调是由说唱、歌舞到戏曲的演化过程中的过渡形式。它继承了唐代变文韵散相间的体制，发展了鼓子词、转踏和唱赚的特点，篇幅结构更加宏大，曲调丰富，可以说唱长篇故事，表现曲折复杂的故事情节和丰富的感情内容，对后世的戏曲音乐和文学作品有深远影响，其主要的艺术表现手法都为元杂剧吸收。如元杂剧的旦本、末本之分，均源自诸宫调。

金代《四美图》

北宋时的水浮法指南针。它是将一支磁化的钢针穿两段灯心草,浮于水面,针尖指示南方。由于它不怕轻微晃动,在航海中得到广泛使用。

罗盘西传

关于中国的航海罗盘，朱彧在《萍洲可谈》中首次明确提到，元符（1098~1100）年间，出入于广州的中国海外贸易船使用可以在阴晦的日子里的指南针导航，著名的科技史家李约瑟由此推测，大约在 10 世纪中国人已掌握磁针导航技术。中国用于航海的指南针，最初是用水浮法，北宋科学家沈括在《梦溪笔谈》中对此有记载。

中国的这种先进的导航技术，迅速被阿拉伯、波斯的同行学习传播。西欧民族出于在地中海和东方商业上竞争的需要，也很快地接受了航海罗盘技术，并对此有所改进。例如英国亚历山大·内卡姆在 1195 年完成的

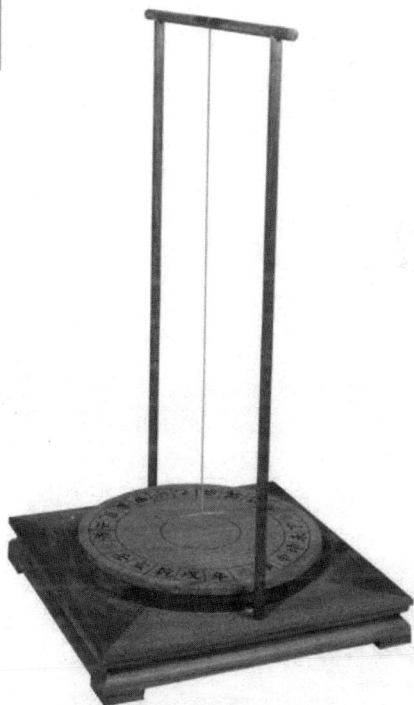

北宋中期的缕悬法指南针，它是用蚕丝边结磁针，垂悬在木架上，木架下有用天干地支表示 24 个方位的方位盘。

罗盘

《论物质的本性》一书，第一次在欧洲论述了浮针导航技术，他提到的航海指南针，也是用于阴天或黑夜，以辨别方向的仪器，另一则有关航海罗盘的资料，是在阿拉伯语和波斯语中发现的。这两种语言中表示罗经方位（通常使用 48 分向法）的 Khann，就是闽南话中罗针所示方向的"针"字。12、13 世纪，中国的帆船是南海和印

度洋间海上贸易最活跃的参加者，阿拉伯人使用的罗盘，无疑是从中国传去的。

使用磁针导航，航海者可以根据针的变化轨迹，绘制实用的航海地图，大大提高了远洋航行中的安全系数和船只的续航能力。所以说，航海罗盘一出现，便具有了重大的经济价值，它能使船只不分昼夜阴晴，遵循一定的线路，如期到达目的地。从此以后，罗盘就成了航海者的命根子。1495 年，瓦斯加·达·伽马率领一支由四艘船组成的葡萄牙舰队，奉命前往"黄金之国"印度，正是依靠罗盘的帮助，他终于实现了远航印度的壮举。

中国发明的航海罗盘指引着欧洲的船只去环航全球，从而迎来了地理大发现的时代。

秦观作《淮海词》

1100 年，北宋大词人秦观去世。

秦观（1049~1100），字少游，号淮海居士，扬州高邮（今江苏高邮）人，

北宋后期的著名词人之一。他少时家道中落，借书苦读；个性豪隽，喜读兵书，有政治热情。秦观十分推崇苏轼，也颇得苏轼赏识，是"苏门四学士"之一。他于神宗元丰八年（1085）登进士第；哲宗元祐初，经苏轼推荐，任太学博士，兼国史院编修官；绍圣元年（1094），新党执政，他因与苏轼的关系被目为旧党，连遭贬斥，数年间过着流放生活，最后死于藤州。秦观诗、词、文皆工，而以词著称，是婉约派的代表作家，其词集名为《淮海词》。

秦观词的内容，局限于描写男女恋情和抒发个人愁怨，以"情韵兼胜"

秦观像

著称，感伤色彩较为浓重。他早年客游汴京、扬州、越州等地，有结交歌女的经历，儿女情长便成了他词作中表现的一个主要题材。这些词风格清丽婉约，柳永的词在这方面对他颇有影响。在［满庭芳］"山抹微云"中，"斜阳外，寒鸦数点，流水绕孤村"和"伤情处，高城望断，灯火已黄昏"的描写，将离别之情和凄清之景融成一片，在意境上接近柳永的［雨霖铃］"寒蝉凄切"。他的［鹊桥仙］"纤云弄巧"借神话传说中牛女双星的悲欢离合，歌颂真挚久长的爱情，带有一定的理想色彩。其中"两情若是久长时，又岂在朝朝暮暮"之句，立意高雅，成为后世多少两地相思的有情人的精神寄托。

秦观词的艺术成就很高。他比较注重晚唐五代以来词体形成的婉约本色，善于通过凄迷的景色，婉转的语调表达感伤的情绪。他常在词中缘情设景、造境写情。所作［满庭芳］"山抹微云"把离情放在一个幽暗凄迷的背景下来描写，更增添了感伤色彩。另外如［望海潮］"梅英疏淡"、［踏莎行］"雾失楼台"等名篇，均有情景相生、心境互映的生花妙笔。秦观在这方面继承了柳永的某些表现手法，但又避免了柳永的俚俗和发露无余，而以淡雅含蓄取胜。另外，秦观工于炼字琢句，其语言清丽自然，句法整饰，音律谐美，辞情相称。如"山抹微云，天粘衰草"、"自在飞花轻似梦，无边丝雨细如愁"等佳句，均选词精当，形容巧妙，描绘出柔美空灵的画面，充分表现了婉约派的特色。

秦观在北宋以后几百年都被视为词坛第一流的正宗婉约派作家，他的词风对后来的许多著名词家如周邦彦、李清照直到清代的纳兰容若等，都有显著的影响。

朱淑真作《断肠词》

两宋时期，在词坛上活跃着一批女性词人，她们以女性细腻的生活体验，向世人展示了其独特而丰富的情感世界，朱淑真就是其中一位具有代表性的词作家。南宋魏仲恭所辑《断肠诗集》10卷，《后集》8卷，及《断肠词》1卷，基本上可以反映其创作概貌。

朱淑真，号幽栖居士，生卒年及生平事迹不详，钱塘（今杭州）人，一

说海宁人，出生于仕宦家庭。少年时喜爱读书，酷好文学、擅长诗词，将其作为性情抒发的渠道，一生大多数时间生活在杭州，也曾随丈夫宦游他乡，到过淮南和潇湘。婚姻不遂素志，给她的精神带来了莫大的痛苦，最后悒悒而终，生平创作了大量诗词，但在她死后被其父母一把火焚烧了。现在流传下来的只是其创作的很少一部分。

婚姻的不幸，使朱淑真长期陷于忧郁和苦闷之中。为此，她写了大量描写个人寂寞生活和抒发内心痛苦的诗篇，如《愁怀》、《长宵》、《冬夜不寐》无不流露出"东君不与花为主，何似休生连理枝"，"珠泪向谁弹"、"闷怀脉脉与谁说"的痛苦和孤寂之感。此外，记游、赠答也是其诗歌创作的一大题材，表达了其客居异乡时对家乡和家人的怀念。其咏史诗议论历史，品评人物，无不表达了其独到的眼光和见地。诗词中还有对封建制度对妇女的束缚愤慨不平和对于蚕桑、农事及人民生活的关怀，湖光山色四季景物也大量地再现于其诗中。

《断肠词》中保存的其词作有30首左右，历来受到人们的珍视，词中充满了封建社会妇女才华被压抑、婚姻不如意的不幸命运和孤单寂寞生活，及苦闷哀愁的情绪，思想单薄而消沉，真实地反映了当时妇女的生活和思想感情。

朱淑真的词作风格直承晚唐、五代，还受到柳永、周邦彦等人的极大影响。语言清新秀丽，善于运用委婉、细腻的手法，表现优美的客观景物和个人内心世界。而描写恋爱生活的词作在语言上显得泼辣而通俗，感情直率大胆。

宋说话兴盛

宋朝经济的恢复和发展带来了城市和乡镇的繁荣，城市中官、商及市民的集聚，禁军的驻扎，促使城市里建立瓦肆勾栏为娱乐场所，这些娱乐场所中最流行的伎艺便是说话，说话伎艺兴盛繁荣于两宋时代。

作为最盛行的说唱艺术之一的说话，以说为特点，与讲故事相似。根据内容、体裁的不同以把说话分成四种：讲史、小说、说经、说铁骑和说公案。讲史也叫演史或讲史书，讲说前代兴废受革之事，其特点是"大抵史上大事，

既无发挥，一涉细故，便多增饰，状似骈丽，证以诗歌，又杂浑词，以博笑噱"（《中国小说史略》）。讲史艺人要精通经史，想象丰富，技艺精湛。小说的题材为烟粉、鬼怪、传奇故事。现存宋代小说话本三十余种，这些话本篇幅短小，摘取一朝一代故事敷衍成篇，首有"入话"，末有"尾声"，均用诗词，中间正文在铺陈故事中也夹用诗词，有时还夹有唱，小说艺人必须贯通历史，有很高的文学造诣，做到谈古论今，如行云流水。说经即讲话佛经故事，南宋说经话本有《大唐三藏取经诗话》，两宋寺院的和尚、尼姑也讲述参禅悟道故事，如长啸和尚、达理和尚、陆妙慧、陆妙静等。说公案和说铁骑讲述扰乱社会的歹徒的罪行和人生变故及发迹过程，战场将士的轶闻趣事。

《宋岁朝图》，描绘宋人正月初一的拜年活动。主人迎来送往；儿童放鞭炮烟花；大门贴着门神，构成浓郁的节日气氛。

在北宋时期发展成熟的说话艺术，对当时的杂剧、南戏及民间歌舞伎艺演变产生了深远的影响，以后中国戏曲的形成和白话小说的发展都源出于此。宋代说话故事为宋代的戏文和北杂剧提供了生动丰富而人民又喜闻乐见的素材，戏曲中以叙述来描绘战争场面，人物和景色都留有说话的痕迹。

三苏成古文运动中坚

苏轼的散文创作体现了北宋散文的最高成就；他的父亲苏洵（1009~1066）和弟弟苏辙（1039~1112），也都以散文著称，世人合称"三苏"，均在"唐宋八大家"之列。

苏轼的文学主张散见于他的部分散文、诗歌及他与后辈往来的书札中。

日暮西山

四川眉县三苏祠

他最突出的特点是重视"文",即文章表达思想内容的本身作用,而不像道学家那样仅仅把文章视为昭道或载道的工具。他引孔子的话说:"言之不文,行而不远","辞达而已矣";又引欧阳修语:"文章如精金美玉,市有定价,非人所能以口舌定贵贱也。"这表明了对文章美学价值的重视。他认为写作"大略如行云流水,初无定质,但常行于所当行,常止于不可不止。即摆脱形式上的束缚,从不同的内容出发,自由表达。

苏轼的散文与韩、柳、欧并称大家。他读书"好观前世盛衰之迹,与其一时风俗之变",写了许多谈史议政的文章。如《策略》、《策别》、《策断》里各篇,从儒家政治理想出发,广引史料加以论证,对当时封建社会带有根本性质的问题和各问题间的复

苏辙《致定国承仪使君尺牍》书法作品

杂关系提出了自己的见解和对策。这些文章雄辩滔滔,语言明快畅达又长于形象说理,精神上继承了贾谊、陆贽的传统,而文笔纵横恣肆又有《战国策》之遗风。

苏轼散文中艺术价值最高的是叙事记游之作。这些散文大致可分为写景、记人、描写楼台亭榭几种。前后《赤壁赋》以诗一般的语言描写了江山风月的清奇,抒发了对历史上英雄豪杰的感慨,曲折含蓄地表达了自己内心的苦闷与不平,探讨宇宙与人生的哲理并从中寻求解脱。《潮洲韩文公庙碑》叙议结合,评价了韩愈对文学和儒学的贡献。《超然台记》反映了作者淡泊自适的生活态度和超然物外的老庄思想。这些文章既有诗情画意又有覃思妙理,文体不拘一格,时有创新,文风可见《庄子》和禅宗的影响。这类散文中多有名篇广为传诵。

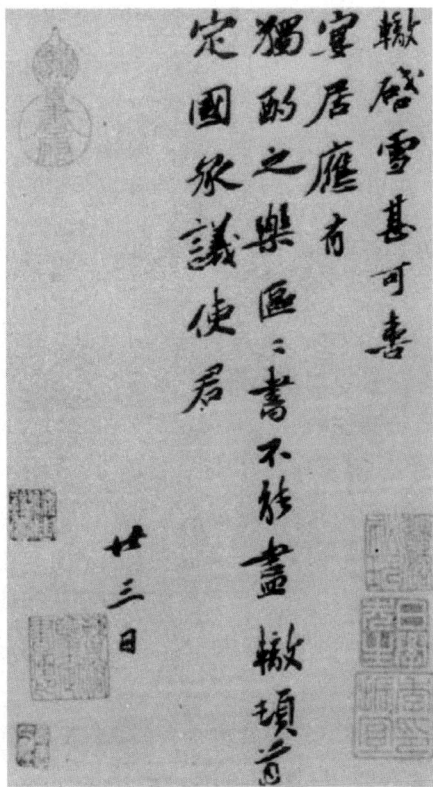

苏轼的散文发扬了前代文章的优良传统，发展了散文的实用性、文学性和通俗性，体现了唐宋古文运动的积极成果，对我国古代散文发展有巨大贡献。

苏轼的父亲苏洵，号老泉，他27岁才发愤为学，经过十多年的闭门苦读，学业大进，入京后受到欧阳修的赏识，文名大盛，是一位晚学有成的文学家。

苏洵有政治抱负，"颇喜言兵"。他的散文以议论见长，《权书》、《衡论》、《六国论》等篇纵谈古今形势及治国用兵之道，很有战国纵横家的色彩。这些文章论点鲜明，论据有力，语言简劲质朴，艺术风格雄奇坚劲。他的抒情散文也不乏优秀篇章，如《送石昌言使北行》一文，写得有情致，有气势。

苏轼之弟苏辙，字子由，仁宗嘉祐二年（1057）与苏轼同榜中进士。王安石变法时，他亦持反对态度；又受苏轼"乌台诗案"牵连被贬；此后一贬再贬，最终隐居田园。他的学问诗文深受父兄影响，擅长政论和史论，但成就不如父兄。他的记叙文写得纡徐曲折，饶有情致，如《黄州快哉亭记》、《武昌九曲亭记》等。他的文章风格汪洋澹泊，也有秀杰深醇之气。

"三苏"在散文上造诣不同，贡献各异，共同成为古文运动的中坚。

宋人称谓多样

随着社会生活的发展，宋代官员和百姓的称谓发生了许多变化，出现了很多新的称谓，有的旧称谓也有了新的内涵。

在皇室的称谓上，官员和百姓都尊称皇帝为"官家"，宫中称皇帝为"官里"或"大家"。官员又称皇帝为"上"。宫中称皇后为"圣人"，称嫔妃为"娘子"，称皇帝的女儿为"公主"，皇帝的姐妹为"长公主"，称附马为"国婿"，"粉侯"，宗室之女封为郡主者，称其夫为"郡马"等等。

在官员的称谓上，皇帝叫臣为"卿"，官员们对上级或同级称"下官"，百姓通称现任官员为"官人"。

在富室的称谓上，宋代称宰相之子为"东阁"，权贵的子弟称"衙内"。达官显宦家子弟称"舍人"，富人被称为"员外"。

在巫医、娼妓、工匠、军人的称谓上，巫医的称谓很多，有"大夫"、"郎中"、"医生"等，他们自称为"助教"。

　　各行业工匠通称为"司务"，木匠被称为"手民"或"手货"。东京百姓鄙称军人为"赤老"，因为他们都穿红色的军装。妓女通称为"录事"或"酒纠"，姿色出众、地位最高者称"上厅行首"或"行首"。穷书生或士人应举专攻学究科，人们称之为"某某学究"。

　　在仆隶的称谓上，佣工在江西和江东地区被称为"客作儿"。官员称家仆为"院子"，称家仆的主管为"内知"，未婚的女婢被称为"妮"、"小妮子"、"小环"。吴楚地区主人称年轻的女使为"丫头"。

　　在亲属间的称谓上，父亲被尊称为"爹"或"爹爹"，母亲被尊称为"妈"或"妈妈"；也有些地区称父亲为"爷"、"大老"、"老子"、"老儿"等。长辈对儿女的称呼，福建人称儿子为"检"，一般民户称人家的在室女（处女）为"小娘子"。子孙称祖父为"翁"、"耶耶"、"祖公"、"太公"；称祖母为"婆"、"娘娘"、"祖婆"、"太母"等。女婿称岳父为"丈人"、"冰叟"、"泰山"，称岳母为"丈母"、"泰水"；岳父母称女婿为"娇客"、"东床"、"郎"。丈夫称妻子为"老婆"、"浑家"、"老伴"；妇女常称丈夫为"郎"，兄弟姊妹之间的称谓和现在差不多，通称"哥哥"、"姐姐"，兄之妻也称为"嫂嫂"。

　　宋代妇女一般没有正名，常在姓氏前加上一个"阿"字，便算她的正式名字。妇女常自称"妾"、"奴"、"奴家"等。

　　总的说来，宋人的称谓是相当复杂的。据说宋徽宗时，苏轼之子苏过到东京，他发现"今世一切变古，唐以来旧语尽废"。这说明了当时社会生活的变化发展，也体现出人们社会关系中的地位变化。

宋辽金夏

1101A.D. 宋徽宗赵佶建中靖国元年　辽寿昌七年　天祚帝耶律延禧乾统元年　夏贞观元年

正月，宋皇太后向氏死。辽道宗死，孙延禧嗣，是为天祚帝。

宋以修宫观，令苏、湖二州采太湖石，是为后日花石纲之先声。

1102A.D. 宋崇宁元年　辽乾统二年　夏贞观二年

五月，宋复贬夺元祐旧党。

九月，宋立元祐奸党碑。

十二月，宋禁元祐学术。

1103A.D. 宋崇宁二年　辽乾统三年　夏贞观三年

四月，宋销毁元祐旧党人文字。

1104A.D. 宋崇宁三年　辽乾统四年　夏贞观四年

六月，宋置书、画、算三学。

宋重定元祐、元符党籍，通三百九人，立碑朝堂。

1105A.D. 宋崇宁四年　辽乾统五年　夏贞观五年

是岁，宋置应奉局于苏州，总花石纲事。

1106A.D. 宋崇宁五年　辽乾统六年　夏贞观六年

宋以"星变"，大赦元祐党人。

姚舜辅等进行大规模恒星观测。

宋药局定制剂规范《和济局方》。

1107A.D. 宋大观元年　辽乾统七年　夏贞观七年

理学家程颐、文艺家米芾去世。

1110A.D. 宋大观四年　辽乾统十年　夏贞观十年

正月，宋令河东、河北、陕西诸钱监罢铸当十钱。

华严宗支派白云宗成立。

1103A.D.
自十二世纪初期起，塞尔柱土耳其帝国即开始陷于瓦解状况，各地阿塔贝格（总督）事实上已独立，形成若干小王朝。

1105A.D.
英王亨利一世率兵侵入诺曼第。

1107A.D.
罗马教皇与英王亨利一世成立解决策封权争端之协议。

1109A.D.
耶路撒冷王鲍尔温一世（高弗梨之弟）以威尼斯舰队之助，占领的梨波里，建之为伯国。至此，十字军在东方共建立四个封建国家。

苏轼去世

宋建中靖国元年（1101）七月，一代文学大师苏轼在常州去世。

苏轼（1037~1101），宋代文学家、书画家。字子瞻，号东坡居士，眉州眉山（今属四川）人，与其父苏洵、弟苏辙合称"三苏"，均在"唐宋八大家"之列。宋嘉祐元年，苏轼赴京应试，中进士，因母丧，返蜀，嘉祐六年再次赴京，中制举科，随后开始为官。

苏轼的官场生涯颇为坎坷，神宗时，王安石变法，苏轼认为王的改革措施过于激进，由此被朝廷派到京外任地方官。王安石罢相后，旧党执政，他又不同意司马光废新法，引起旧党不满，再次受排挤。哲宗亲政后，新党又得势，苏轼再次成为新党的打击对象，被一贬再贬，由英州、惠州到儋州（今海南儋县）。元符三年（1100），宋徽宗即位，召苏轼北上，北上途中，苏轼染

《东坡笠屐图》，描绘苏轼在海南岛头戴斗笠、脚踏木屐的生活。

病身亡。

作为一代文学大师，苏轼很重视文学的生活来源和社会功能，认为文学创作要深深扎根于现实生活之中，还要重视文艺创作的技巧。他的文学成就是多方面的。主要表现在诗、词和散文方面，苏轼的诗作数量甚多，主要是抒发人生感慨和歌咏自然景物的诗篇。苏轼一生游历甚广，无一不在诗作中表现出来，不但有江南风景，如《望海楼晚景》等，还有江北风光，如《登州海市》等。晚年流放岭南后，在诗篇中留下了浓郁的岭南风情。苏轼擅长在诗作中借景抒情，或者揭露封建统治阶级的弊病，或者反映自己的怀才不遇之感。苏轼的词在北宋词坛上占有重要地位，他突破了晚唐词的软玉温香的樊篱，自成一派，开拓了新的词作道路。首先，他开拓了词的取材领域，"无意不可人，无意不可言"。其次，他将写诗的笔力引入词的创作中，并开始在词作中引入序言，开创了新的风格——"豪放派"。他的词除壮丽词外，也有一些反映男女情爱的风格婉约的佳作。

苏轼的文学创作在北宋文学史上占有重要地位。在他的影响下，黄庭坚、晁补之、秦观、张未脱颖而出，成绩斐然，号称"苏门四学士"。

司马光定《投壶新格》

"杨大年每欲作文，则分门工宾客饮博、投壶、弈棋，语笑喧哗，而不妨构思"。"康节先生赴河南尹李君锡会投壶，君锡未箭中耳。君锡曰：'偶尔中耳。'康节应声曰：'几乎败壶。'坐客以为对"。以此可见，投壶活动在宋人士大夫中间非常流行。

司马光《投壶新格》1卷，作于宋神宗熙宁五年（1072）。他说："投壶可以治心，可以修身，可以立国，可以观人。何以言之？夫投壶者不使之过，亦不使之不及，所以为中也。不使之偏波流散，所以为正也。中正，道三根底也。"司马光是宣扬"恭谨志、存中正"的道德观念。

在投壶方式上，司马光定有"有初（第一箭入壶者）、"连"（第二箭连中），"贯耳"（投入壶耳者）、"骁箭"（投入壶中之箭反跃出来，接着又投入壶中者）等等。

"倚竿"是指投的箭浅入壶中而斜靠在左右壶上，它在连中"全壶"时才算在通数。如被后箭所击坠地废其"算"，被击坠壶中的照算。"龙首"、"狼壶"、"带钓"、"耳倚竿"等是按"倚竿"投入其箭末方向、旋转否、斜靠方位等情况而定的。这些旧作十五"筹"算，而此时一律按"倚竿"要求处理。箭本投入壶中名为"倒中"，倒中的"耳倚竿"名为"倒耳"，旧法作为二十"筹"和作满"筹"算，此时改为壶中之数全废。这些改动都体现了司马光"倾邪除波，不足为善"的思想。

投壶这项活动，东汉以前礼教意义甚浓，西晋南北朝开始向技艺多样化发展，娱乐性增强，隋唐亦是如此。司马光在投法计分上多加限制，实际阻碍了这项活动向技艺多样化、复杂化发展，某种程度影响了它的娱乐性。但这种"改进"对巩固封建统治政权有好处，所以明清两代不断被士大夫所喜爱。

蔡京起用

徽宗建中靖国元年（1101）十二月，蔡京复为龙图阁直学士，主持定州之政，从此开始了他最为飞黄腾达的一段仕途。

蔡京（1047~1126）性善投机和逢迎上司。他是熙宁三年（1070）的进士，元祐初，司马光为相，尽废王安石新法，命令5天之内全国尽复差役法。当时大臣们都以时限太紧无法完成，只有蔡京如期在开封府所属各县改雇役为差役，因此深得司马光的赞赏。

绍圣初，章惇为相，复改差役为雇役，蔡京又紧紧追随章，为其出谋划策，重立雇役法。至徽宗即位，章惇失势，蔡京也被黜居杭州。这时，徽宗宠信的宦官童贯奉命去苏杭搜访书画工艺品，在杭州留连累月，蔡京日夜陪伴童贯嬉游，深得童贯欢心。知道蔡京擅书画，童贯就将蔡京书画的屏幛、扇带等直接送入宫中，并向徽宗美言推荐蔡京。童贯又教蔡京买通道士与宫人，在徽宗面前大讲蔡京的好话，并谓非拜蔡京为相不可。于是，对元祐党人本已有所疑忌的徽宗，就开始有意重用蔡京了。

建中靖国元年（1101），蔡京被正式起用。这时，右相曾布与左相韩忠彦意见不合，曾布有意利用蔡京打击韩忠彦，也大力举荐蔡京。

到崇宁元年（1102）三月，蔡京被召入京，任翰林学士承旨，兼修国史。不到三个月，又被任为尚书左丞。一个月后，即当年七月，蔡京终于爬上了梦寐以求的宰相地位，任尚书右仆射兼中书侍郎。此后20多年间，他共4次入相，任宰相共达17年之久，把持朝柄，专掌大权，做尽擅权误国之事。

蔡京设立元祐党人碑

宋崇宁年间，蔡京为相之后，为了报复元符末年曾弹劾自己的大臣，进一步打击迫害元祐旧臣及其同情者，遂打着崇奉熙宁新法的幌子，残酷地打击排除异己。

崇宁元年（1102）九月，蔡京唆使徽宗将元祐年间反对新法的大臣和元符年间有过激言行的大臣，如文彦博、苏轼、秦观、张士良、程颐等共120人，尽列为“奸党”，请徽宗御书，镌石刻名，立碑于端礼门，这碑就叫“党人碑”。

次年九月，有大臣向徽宗进言，都城以下各州县不知元祐党人姓名，请在各地也立崇宁元年御书元祐党人碑，昭示百姓。

崇宁三年（1104）六月，徽宗又下令重新籍定元祐、元符党人及上书反对绍述的官员，合为一籍。这些人包括曾任宰相执政官的司马光、文彦博、吕公著、范纯仁等27人，曾任待制以上官的苏轼、刘安世、范祖禹等49人，余官如秦观、黄廷坚等176人，武臣张巽等25人，内臣梁惟简等29人，连曾布、章惇等新党，统共309人，皆称“奸党”。徽宗亲自书录这些人的姓名，刻碑立于文德殿门东壁；蔡京的手书则刻石立于全国各州县，以颁布天下。

伴随党籍碑的树立，则是对党人的排挤压迫。第一次党人碑树立时，蔡京请将元符三年（1100）时大臣所上的章疏进行清理登记，凡反对或不满新法、同情元祐旧臣的，一律列入邪等。结果列入邪等的542人均受不同程度的处分；崇宁元年（1102）底至二年初，又将元符党人尽数贬逐到边远州郡，连原任蔡京幕僚、在蔡京为相后不愿投靠附和他的黄庭坚亦被除名编管。总之，碑上有名者，轻则贬官，重则流放，其子弟且不准在京及开封府内任官。

元祐党籍碑引起舆论的普遍不满。刻碑时有石工安民请辞役，不获准，

又请免刻己名于碑上，以免遗讥后世。崇元四年（1105），九鼎铸成，徽宗籍此赦放元祐党人，准其徙近内地，但不准入京畿，邹浩、黄庭坚等 57 人都得赦内徙。五年（1106）正月，京师出现慧星，徽宗以为天警，遂毁元祐党人碑。直至大观二年（1108）才逐渐将元祐党人出籍，生者复原职，死者追复生前官职。但终徽宗一朝，元祐党人皆不获重用。

宋再次收复湟州

崇宁二年(1103)六月,宋军从熙州(今甘肃临洮)出发,分兵两路攻打湟州。王厚与童贯的大军出安乡关（今甘肃永靖西南），大败多罗巴于巴今城，进军湟州（今青海乐都南）；高永年率军 2 万出京玉关（今甘肃永靖东北），两路宋军会集湟州城下，不待羌人援军赶到，便一举攻下湟州。十二月，宋建熙河兰会措置边事司，由王厚任措置边事，童贯任同措置。

宋大兴学校

宋徽宗时期，掀起一阵兴学高潮。由于规定取士必须由学校升贡，所以，宋的州县学达到了一个鼎盛时期。

宋代前期，州县学府很少。庆历四年（1044）才掀起了第一次兴学高潮，

《后赤壁赋图》，马和之画

诏令州县皆设立学校，天下士子，皆须在学听读一定时间才许应举。但是这次短暂的兴学高潮随着庆历新政的夭折而结束了。

熙宁四年（1071）三月，诏令诸路皆设学宫，由州府给田10顷作为学粮。于是，前一段已荒废的州县学再度得到恢复和逐渐发展。

宋徽宗即位后，掀起了第三次兴学高潮。崇宁元年（1102）八月，由蔡京建议，在天下州县设置学校。次年（1103）正月，又下令诸路增养县学生，大县50人，中县40人，小县30人。崇宁三年（1104）正月，再度扩增县学弟子员。

增员的同时，宋廷也逐渐完善学制。崇宁三年（1104）六月，徽宗下诏设置书、画、算三学；次年正月，又下令设立武学法，全国各州都设立武学，这次立法以法律制度保证了武学制度的实施。

真正使学校大为兴盛则是崇宁三年（1104）十一月的诏令：废除州郡发解及省试法，取士悉由学校升贡。此法推行18年，州县学也发展为宋代高峰。从而将科举与学校合二为一。

至大观三年（1109），全国共有校州9万5000左右，在校生16万7000多人，办学规模空前庞大。

宋徽宗创瘦金体

赵佶不仅是画家，在书法上也有较高的造诣。清王文治《论书绝句》论述："不徒素练画秋鹰，笔态冲融似永兴，善鉴工书俱第一，宣和天子太多能。"赵佶书法学薛曜、褚遂良，创造出独书一帜的"瘦金体"，瘦挺爽利，侧锋如兰竹，与他所画工笔重彩相映成趣。

所谓瘦金书，是美其书为金，取富贵义，亦以挺劲自诩，与李煜诩其书为"金错刀"同一义。他传世的书法作品，楷书有《楷

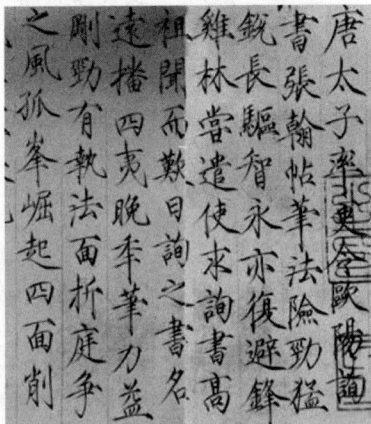

赵佶《赞欧阳询季鹰帖》书法作品

书千字文墨迹》、《皇帝辟雍诏》、《秾芳依翠尊诗帖》、《大观圣作碑》；行书有《赐李邦彦诏》、《蔡行敕墨迹》、《崇真宫徽宗墨迹》；草书有《草书纨扇墨迹》、《草书千字文》。他的行、楷、草笔势挺劲飘逸，富有鲜明个性。

《秾芳依翠尊诗帖》，大字楷书，为宋徽宗瘦金书的杰作。笔法犀利，铁画银钩，飘逸劲特，正如帖后清陈邦彦跋文所述："宣和书画超轶千古，此卷以画法作书，脱出笔墨畦径，行间如幽兰丝竹，泠泠作风雨声，真神品也。"

《草书千字文》是他40岁时所书。字写在3丈多的泥金云龙笺上。书承张旭、怀素，笔势流畅尖利，方圆转折强烈，所不同于楷书的是，此卷中也运用了一些粗笔，以增强其气势的对比，当然其细笔游丝仍是其绝技，所谓"细如丝发亦圆"，良笔佳纸也为书法更增加了几分神采。赵佶草书不多见，此洋洋千言的狂草，可见其功力之深，在宋人草书中也是落落不群。

宋徽宗的书法不免柔媚轻滑，这也许是时代和他本人的艺术修养所致，但他首创的瘦金体的独特的艺术个性，为后人竞相仿效。

宋版画普及

版画是绘画和印刷术的结晶，它于唐、五代时期兴盛，至宋而更趋发达。宋代版画有佛教版画、科技版画、人物版画和山水版画等种类，题材广泛，传播覆盖面大。其艺术特色在总体上继承和发扬了五代各地的刻印传统，以刀代笔，追仿绘画笔法，但由于题材内容不同，插图风格各显其异。宗教版画以庄重华贵为主，农、医等科技类版画注重结构严谨和具体的实用性，而文艺类书籍插页中的版画则手法活泼，力求表现自然的生活气息。

宋代版画大量运用于传播宗教经卷，最著名的是开宝年间印制的5000卷《大藏

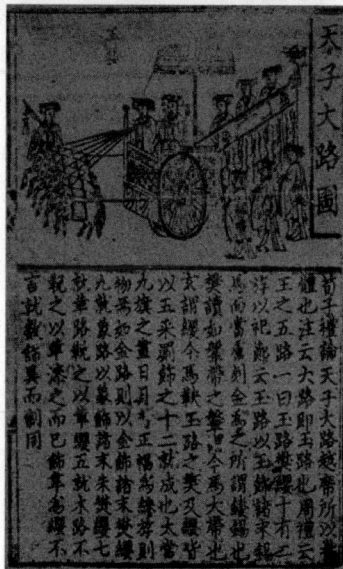

宋代版画《大随求陀罗尼曼陀罗图》

宋代版画《荀子扫插图·天子大路图》

经》，其他佛教经典如《开宝藏》、《崇宁藏》、《圆觉藏》、《碛砂藏》等，也都是规模庞大的刻印，其中卷首图，章法完善，体韵遒举，称得上一代珍本。北宋之时，画家高文进曾绘《弥勒菩萨像》，由"越州僧知礼雕"，由于绘刻两者都是高手，作品蜚声域外。在这些版画中，还有一种山水图，为宋大观二年（1108）刊印，现存四幅于美国哈佛大学福格美术馆。画中虽然刻有僧众的活动场面，但作品以山水景物为主体，可视为中国最早的山水版画。此画以细密的水纹衬出留白的丘壑，在保留绘画线描的基础上，充分发挥刻刀的力度，颇具装饰效果。

宋代科技版画也获得了重要发展，大量的医药、天文、地理与金石皆随书刊印成版画，既有说明性，又有艺术性。如当时的应用书籍《营造法式》、《宣和博古图》以及医学用书等，绘制都非常精细，一丝不苟，它们对版画的发展，可以说起到了积极的作用。

版画也是宋代传播绘画艺术的重要手段，南宋宋伯仁编绘的《梅花喜神谱》百图，刻画了梅花的各种自然生态，刀法、笔法相得益彰，劲健明快。

这个时期的经史书籍如《毛诗》、《周礼》、《尚书》、《论语》、《荀子》以及老子的《道德经》、庄子的《南华经》等等，都有木刻插图相配。又如《古列女传》，上图下文，成为福建安版画的早期代表作，这些插图多至123

幅。宋代还有用版画刻印年画的记载：孟元老《东京梦华录》记汴京"迎岁节，市井皆印卖门神"；吴自牧《梦梁录》记载汴京岁终时，"纸马铺印钟馗、财马、四头马等"；沈括在《梦溪笔谈》里更详细记载了宫中大量镂版印制"钟馗捉鬼图"的情景。这说明绘画的刻印，不仅在宫禁，而且在民间，都已盛行。

《货郎图卷》，李嵩画。

宋风俗画成就突出

宋代，城乡生活成为画家乐于表现的题材并受到观众的欢迎，风俗画得到空前发展。宋代风俗画通过表现城乡劳动群众的社会生活，展现了具有鲜明民俗特色的时代风貌，反映了北宋经济的发展状况，是宋代人物画的重要组成部分。

宋代风俗画成就突出，盘车、婴戏、织耕、货郎和牧牛等成为民间画工和画院画家热于描绘的民俗题材，他们将山水、人物、界画等融为一体，产生了一批优秀的绘画作品，把民俗画创作推向高潮。这一时期风俗画高手辈出，至今尚有不少作品流传。根据描绘的题材可将宋代风俗画大致分为7类：耕织图、货郎图、盘车图、牧牛图、婴戏图、杂剧图和蕃骑图。《清明上河图》代表了中国风俗画创作的最高水平。

耕织图是描绘农村劳动耕作和纺织的画幅。这类画大多反映了农民的淳朴形象，至今传世的宋代耕织图有《耕织画轴》（中国历史博物馆藏）和《耕

《闸口盘车图》，反映宋代的水力磨面作坊等手工业作坊的形象。

获图》(故宫博物院藏)。货郎图描绘当时走街串巷吆喝叫卖的货郎。李嵩的《货郎图卷》（故宫博物院藏）塑造了一位朴实和气的农村货郎，担上商品充盈，村童们围绕货郎嬉笑、争耍。此图笔致工细，神情刻画入微，是宋代风俗画中的精品之一。盘车图揭示了宋代经济活动的运输过程。朱锐的《盘车图》（上海博物馆藏）画三牛挽一车正在山崖下的河中运行，另一车已从河中渡过，爬上山路，画风工致，人物活动生动自然。牧牛图是宋代风俗画中较流行的题材。这类作品既画出牛的勤劳粗壮，也表现牧童的天真可爱，两者相映成趣，如阎次平的《牧牛图卷》、李迪的《风雪归牧》等都是传世佳作。婴戏图主要表现孩童们天真可爱的形象和嬉耍的情节。苏汉臣的《秋庭戏婴图》（台北故宫博物院藏）画秋天的一户富家庭院里姐弟俩玩着小玩具，庭院里的各种花卉

《秋庭戏婴图》，苏汉臣画。

各具其态，展示了北宋画院缜密富丽的写实画风。杂剧图反映戏曲演出的状况，今有两幅宋人杂剧图藏于故宫博物院。蕃骑图展现了少数民族骑马射猎的风情面貌，现有宋人《蕃骑猎归图》传世。

最能反映宋代风俗画创作水平的是北宋张择端的《清明上河图》（故宫博物院藏）。《清明上河图》是一幅写实性很强的作品，所绘景物都具有代表性，画面细节刻画十分真实，人物描写具体入微。在表现手法上采用传统的手卷形式，以散点透视法摄取所需景象，它是了解 12 世纪中国社会生活的重要形象资料，具有文字难以替代的文献史料价值。

宋代风俗画大师除张择端外，还有郭忠恕、高元亨、燕文贵、朱锐、苏汉臣、李嵩、阎次平等风俗画家，他们以高超的技法展现了宋代商业经济、世俗文化及社会政治的方方面面，为后世留下了大批艺术珍品，也为研究宋代社会生活提供了宝贵的形象资料。

张择端作《清明上河图》

北宋末年，画院待诏张择端作《清明上河图》，再现了 12 世纪中国城市生活的方方面面，反映了当时社会生活和物质文明的广阔性与多样性。

张择端，字正道，东武（今山东诸城）人。年少时，读书。后游学京城汴梁（今河南开封），开始学习绘画。他工于界画，特别擅长舟车、市桥、郭径，自成一家。有《清明上河图》、《西湖争标图》等作品名于世。

《清明上河图》是著名风俗画作品，绢本，长卷，淡设色，卷宽 24.8 厘米，长达 528.7 厘米。"清明"指农历清明节前后，一般认为该图是描写北宋京城汴梁及汴河两岸清明时节的风光。

全画结构共分 3 段：首段写市郊风景，寂静的原野，略显寒意，渐而有村落田畴，嫩柳初放，有上坟回城的轿、马和人群，点出了清明时节特定的时间和风俗。中段描写汴河，汴河是当时中国的南北交通干线孔道，同时也是北宋王朝的漕运枢纽，画面上巨大的漕船，或往来于河上，或停泊于码头。横跨汴河有一座规模宏敞的拱桥，其桥无柱，以巨木虚架而成，结构精巧，形制优美，宛如飞虹。桥的两端连着街市，人们往来熙熙攘攘，车水马龙，

《清明上河图卷》，张择端画。

《清明上河图》中描绘的市景街道

《清明上河图》中描绘汴河两岸清明时节的市井风光

与桥下繁忙的水运相呼应，是全图的第一个热闹所在。后段描写市区街景，以高大的城楼为中心，街道纵横交错，各种店铺鳞次栉比，有茶坊、酒肆、脚店、寺观、公廨等。有沉檀楝香、罗锦匹帛、香火纸马，有医药门诊、大车修理、看相算命、修面整容，还有许多沿街叫卖的小商小贩。街上行人摩肩接踵，络绎不绝，男女老幼，士农工商，无所不备。

作品采用了传统的手卷形式，从鸟瞰的角度，以不断推移视点的办法来摄取景物，段落节奏分明，结构严密紧凑。全卷共有人物 500 余，牲畜 50 余，船只、车轿各 20 余，安排得有条不紊，繁而有秩。各种人物衣着不同，神态各异，劳逸苦乐，对比鲜明，按一定情节进行组合，富有一定的戏剧性矛盾冲突，使人读来饶有兴味。

至于笔墨技巧，无论人物、车船、树木、房屋，都线条遒劲老辣，兼工带写，设色清淡典雅，不同于一般的界画。《清明上河图》在艺术手法和处理上，具有高度的成就，在内容上，真实地反映了当时城市社会各生活面，具有重要的历史文献价值。

《清明上河图》以全景式的构图，严谨精细的笔法，展现了 12 世纪我国都市各阶层人物的生活状况和社会风貌，是一幅写实主义的伟大作品，把社会风俗画推进到更高的阶段。

宋进行大规模天文测绘

北宋时期，政府极为重视天文测绘。天文测量仪器的进步，计时仪器的革新，为大规模天文测绘创造了物质条件，而精确占星术和制定新历法的要求又成为天文测绘的内在动力。因此，北宋一代，空前大规模的天文测绘，至少作过 7 次，即太平兴国年间（976~984）测二十八宿距度；大中祥符三年（1010）测外官星位置景祐年间（1034~1038）测二十八宿距度及周天恒星皇祐年间（1049~1054）重测；元丰年间（1078-1085）重测；绍圣二年（1095）测二十八宿距度；崇宁年间（1102-1106）重测二十八宿距度。

太平兴国年间的测绘由北宋著名天文学家韩显符主持。他在测外官星位时不是像历史上诸家测量星与二十八宿距星之间的角距，而是测量星与当时

北宋瑞禽浮雕，类似孔雀开屏，装饰性很强。

冬至点之间的角距。这个测量值与现代星表中所用的坐标量——赤经是相近的，其间仅有计量原点相关90°的区别，这在恒星位置测量上是一个很大的进步。

宋代前几次测量多与星占有关。景祐初宋仁宗下令编纂一本星占书《景祐乾象新书》，需要测量周天星座去极入宿度，以便将占语与星官实际位置相联系。这次测绘由韩显符的授业弟子杨惟德主持，因所用仪器较简陋，安装误差较大，而且测绘目的对测绘结果要求不高，所以所得结果不甚精确。

为求详尽可靠，皇祐年间又作了大规模的天文测绘。这次使用仪器精确，配合圭表和改进漏刻使测量精度大为提高，可惜测量成果并未使用于编算历法，但保留下来的皇祐星表是认证星官、研究宋代浑仪的重要资料，它是古代星数最多的星表之一。最值得称道的要算崇宁年间姚舜辅等人的测量，因为这是服务于编算新历法而作的观测，精确的实测使《纪元历》成为一部优秀历法。这也是 7 次测绘之中最为精确的测量，二十八宿距离的误差绝对值平均只是 0.15°。

宋代的天文测绘次数多，精度高，是中国古代天文学史上的一件大事，是天文测绘史上的里程碑，是沟通古今、对照中西星名的桥梁。

宋设立架阁库管理档案

北宋建立后，在中书、门下、尚书三省设立架阁库，由三省制敕库房主管，收藏皇帝诏令、制书和其他档案材料。"架"为庋物的用器，"阁"同"搁"，"架阁"放到一块就是贮存档案的木架，数格多层，便于分门别类存放和查找。徽宗崇宁年间（1102~1106），在吏部设架阁库，中央其他各部也皆设置。比如掌管最高军事机关枢密院架阁库，就收掌有关军籍、武官升降调遣、边防设置和来往国书等重要档案。掌管财政的三司架阁库，则收藏户口、赋税徭役等方面的籍帐。

北宋地方各级管理机关也都设有大小不同的架阁库。北宋仁宗时江南西路转运使周湛，采用千丈架阁法收贮州、县簿籍案牍，以日月为次第连粘排列保管。此法为朝廷采纳并颁诸路为法，于是各地州、县地方机关普遍设立架阁库。

北宋架阁库有严密的管理制度：中央吏、户、礼、兵、工、刑六部档案存放 2 年以后必须集中于各部架阁库，各部架阁库在存放 8 年后必须上交朝

北宋《朝元仙仗图》，武宗元画，描写道教传说中的人物去朝谒元始天尊的情形。

廷收藏档案的机构金耀门文书库。户籍、赋税、徭役、诉讼案卷等重要档案，地方均需造册4本，由下而上县、州、路逐级上报中央主管部门；架阁库档案用千字文编号法，还规定3年一"检简"；利用档案要"委员一员，监视出入"，并限期归还。主管架阁库的官员必须"有时望者为之"，各部多为进士及第者，如著名史学家《通志》的作者郑樵曾任礼、兵部架阁库主管官员。州、县的架阁库由知州、令、丞、主簿等官员掌管，还设有一定数量的管勾、守当官等工作人员具体管理档案。

架阁库的设置，一方面反映了北宋王朝对各级人民控制的加强，另一方面也反映了当时的档案管理已达到一个很高的水平。它的设置对后世影响甚大，以后金、元、明、清历代王朝在中央和地方各级机关都仿效宋制设有架阁库以掌管档案。

朱氏父子运花石纲

自从九鼎铸成后，徽宗日益注重珍玩，蔡京逢迎上意，保举朱勔在苏州设立应奉局，专办花石，号为"花石纲"。

朱勔之父朱冲本是苏州大商人，父子曾替蔡京营建寺庙，深获蔡京赏识。蔡京见徽宗喜好花石，就指使朱冲采办苏杭珍异，随时进献。初次觅得黄杨三本，高仅八九尺，献入后大得嘉赏，此后每年数次入贡，无物不奇，徽宗更是心欢。

崇宁四年（1105）十一月应奉局设立后，花石纲之贡渐盛，内帑任由朱勔支取，朱勔由是在民间大肆搜刮，士庶之家偶有一花一石稍可入目者，便遣人以黄封表识，指为贡品；如有破损，或者民家先行毁去后又被侦悉者，则加以大不敬罪。江南百姓为此往往倾家荡产，乃至卖儿卖女，供给所需。如果花石生在穷崖削壁或是绝壑深渊者，也必指使搬取，不得推诿。朱勔倚仗权势，根本不把地方官放在眼内，附之者得官，不附者立刻罢去，时号"东南小朝廷"。

当时运河之上，运送"花石纲"之船首尾相衔，昼夜不绝。船只不够，则截取商船市舶，一经指定，不许有违。为了使"花石纲"畅行无阻，撤屋拆墙、凿城断桥、毁堤坼墙，在所不免；役夫劳敝、民田损害，数不胜数。应奉局大小官员自朱勔以下，则趁机大发横财，仅朱勔一家，就掠夺田地30万亩，其他财物更是不可胜计。

陈师道追随黄庭坚

建中靖国元年（1101），北宋诗人陈师道去世。

陈师道（1053~1101），字履常，又一字无己，别号后山居士，徐州彭城（今江苏徐州）人。他家境贫寒，但专注于作诗，以苦吟求工著名。在诗歌创作上，他受黄庭坚的影响最深，并与黄庭坚一同开创了在宋代影响最大的江西诗派。

北宋中叶以后，百年以上的承平局面使得封建文化的积累、发展达到了一定的程度，而新旧党争的风险又使得有一定社会地位的文人疏远现实，埋首于书斋，以学问相高，以议论相尚。当时风靡一时的江西诗派正是"以文字为诗、以才学为诗、以议论为诗"（严明《沧浪诗话》），其代表人物黄庭坚的诗歌主要在书本学问和写作技巧方面争奇出新。他虽然推崇杜甫，但偏重学习的是杜甫晚年的学问工夫和艺术技巧。他在书本材料的运用上力求变化，多用冷僻的典故，喜押险韵、造拗句、作硬语，形成生新瘦硬的风格。陈师道自云"于诗初无诗法"，后读黄庭坚诗，爱不释手，遂追随其诗风，在创作上专致于艺术技巧，虽然摆脱了西崑体的形式主义，但又走上了另一条形式主义的道路。

陈师道虽然以严谨的创作态度著称，但脱离现实，"闭门觅句"的创作

黄庭坚《牛口庄题名卷》书法作品

方法使得他的诗歌缺乏社会内容和思想深度。他学习黄庭坚作诗讲究"无一字无来历"，但由于不如黄庭坚博学，在运用书本知识方面不够得心应手，往往将古句成语东拆西补，有时过分简缩字句，以致语言生硬，内容晦涩。与黄庭坚一样，陈师道亦追步杜诗，但由于生活圈子的局限，他的诗只在形式格律上有所肖似而无杜诗的沉郁雄健。他的五七言律诗学杜比较成功，如他苦心经营的《春怀示邻里》，将穷诗人被春光吸引、意欲出门赏花的日常生活情景反复渲染，字雕句琢，近似杜诗中的遣兴体格。他的刻意雕琢之作往往不能有效地表达内容，倒是有些表现手法较为平淡的诗，写出了真情实感，对黄庭坚"作意好奇"的偏向有所纠正。如《别三子》、《送内》、《寄外舅郭大夫》等篇，精神上接近杜甫的《鄜州》、《羌村》等诗。他的诗中也有少数恬淡有味或风流华美之句，如《绝句》中的"书当快意读易尽，客有可人期不来"；《放歌行》中的"春风永巷闭娉婷，长使青楼误得名。不惜卷帘通一顾，怕君著眼未分明。"这样的佳句可惜太少，而拗涩生硬之处常见。

陈师道是江西诗派的"三宗之一"，他在诗歌创作上的艺术追求颇有代表性，但形式、技巧上的精严终究弥补不了思想内容空虚所造成的缺陷。

黄庭坚去世

崇宁四年（1105），江西诗派创始人黄庭坚去世。

黄庭坚（1045~1105），字鲁直，号山谷道人，晚年又号涪翁。黄庭坚擅长诗文，早年以文章受知于苏轼，与张耒、晁补之、秦观并称"苏门四学士"。黄庭坚论诗则推崇杜甫，讲究修辞造句、化故为新，因为黄是江西人，后来这一派诗人便被称为"江西诗派"。黄庭坚又善书法，行、草、楷自成一格，为宋书法四大家之一。

作为苏轼门人，黄庭坚不免仕途坎坷。他曾任蔡京幕僚，但因不肯附和蔡京而遭贬。绍圣初年，主持宣州（今安徽宣城）、鄂州（湖北武汉）之政。不久，又被贬为涪州（今四川涪陵）别驾、黔州（今四川黔江一带）、戎州（今四川宜宾）安置。微宗即位后，他继续屡遭贬斥，最后在羁管宜州（今湖北宜昌）时病卒。

他的著作有《豫章黄先生文集》、《山谷词》。

059

江西修水黄庭坚纪念馆

江西修水黄庭坚墓

晏几道作《小山词》

崇宁五年（1106），北宋词人晏几道去世。

晏几道（1030~1106），字叔原，号小山，是晏殊的儿子，也是北宋有名的词人，与其父合称二晏。他出身高门世家，早年过着富贵风流的生活；中年后家道中落，陷入困顿，个人仕途也不得意，只做过一员小官。作为名家之后，晏几道的写作态度极认真，他的词集《小山词》既有文风，又因经历过由富贵到贫穷的生活，而有个人特色。正如前人况周颐所说："小山词从《珠玉》出，而成就不同，体貌各异。"

《小山词》中有许多篇章是描写儿女之情、悲欢离合的，其题材范围并未超越前人，但以感情的真挚深沉见长。

晏几道早年虽然生活在富贵温柔乡中，但对身边的歌女、使女寄予同情和关爱，时时在词作中流露出深情款款。

在《临江仙》中，他对"斗草阶前初见，穿针楼上曾逢"的一个使女久久不能忘怀，以至于当她离去后生出了强烈的怀念之情——"相寻梦里路，飞雨落花中"。他珍重情谊，即使对方辜负了他，他仍牵挂着对方。

他在［少年游］"离多最是"中写道："离多最是，东西流水，终解两相逢。浅情纵似，行云无定，犹到梦魂中"，表现了对人感情上的真纯。《小山词》中更有份量的是那些抚今追昔、回味昨梦前尘的作品。荣华富贵风流云散之后，他的词常以感伤的笔调描写过去的生活——"记得小苹初见，两重心字罗衣，琵琶弦上说相思，当时明月在，曾照彩云归"；"彩袖殷勤捧玉钟，当年拼却醉颜红；舞低杨柳楼心月，歌尽桃花扇底风……"，昔日的美好情感及快乐时光都已成旧梦，于是他的词中反复出现梦境——"梦魂惯得无拘检，又踏杨花过谢桥"，"从别后，忆相逢，几回魂梦与君同"；出现了复杂辛酸的怀旧咏叹——"兰佩紫，菊簪黄，殷勤理旧狂。欲将沉醉换悲凉，清歌莫断肠。"作为没落的世家子弟，他词中的感伤情调有别于其父那种泛泛的感时伤逝，而是承载了经历沧桑的更具体的内容，有南唐李煜之风。

前人夏敬观曾这样评说其词："叔原以贵人暮子，落拓一生，华屋小丘，身亲经历，哀系豪竹，寓其微痛纤悲，宜其造诣又过于文。"

《小山词》的艺术风格凄清顿挫，章法曲折多变，情感起伏婉转，吸取了当时兴起的慢词长调的表现手法，善于从生活中选择比较动人的情景片断，前后对照，掀起激动起伏的情感波澜。

晏几道还善于将前人诗句化用词中，取得比原作更具艺术感染力的效果。《小山词》在文字上仍步《花间》，多为清丽婉转的小令，明白晓畅，但词风上偏于守旧，缺少新意。

米芾刷字

大观元年（1107），书法家米芾去世。

米芾（1051~1107），初名黻，字元章，号襄阳居士、海岳山人等。祖籍太原，后迁居襄阳（今属湖北），长期居住润州（今江苏省镇江市）。曾任画学博士、礼部员外郎等职。善书法，能写篆、隶、楷、行、草诸体，以行书成就最高。米芾以山水、枯木竹石等为内容的绘画也相当有名，他将书法中的点画用笔融于绘画，并以大笔触的水墨表现自然山川的烟云风雨变化，人称"米点山水"。其子米友仁承袭家风，并有所发展，后人即称他们的绘画为"米家云山"。

米芾学书勤奋，《群玉堂帖》有一段自述学书经过，说七八岁学颜，后学柳、欧，学褚遂良最久，又学段季展，并上溯魏晋，临习竹简、钟鼎铭文等，师承非常广泛。他善于"承诸长处，总而成之"，壮年不能融会贯通，时人讥之为"集古字"，晚年始自成一家。他对古人书法，尤其颜真卿、柳公权的楷书，多有讥贬。

米芾书法早年师法欧、柳，字体紧结，笔画挺拔劲健；盛年受王羲之、王献之影响，融入温雅圆润的书风。他38岁时写的《蜀素帖》、《苕溪诗卷》，达到了米芾行书的最高成就。《蜀素帖》17行，绢本，字体有的略感欹侧，欲左先右，欲扬先抑，行气跌宕多变，融化了褚遂良的横竖划与王献之的撇捺，并加以强调夸张，用笔以侧锋为主，起笔落笔变化多端。米友仁称其父"四角转折有八面，笔笔皆翔动"，"有云烟卷舒飞扬之态"。《苕溪诗卷》书

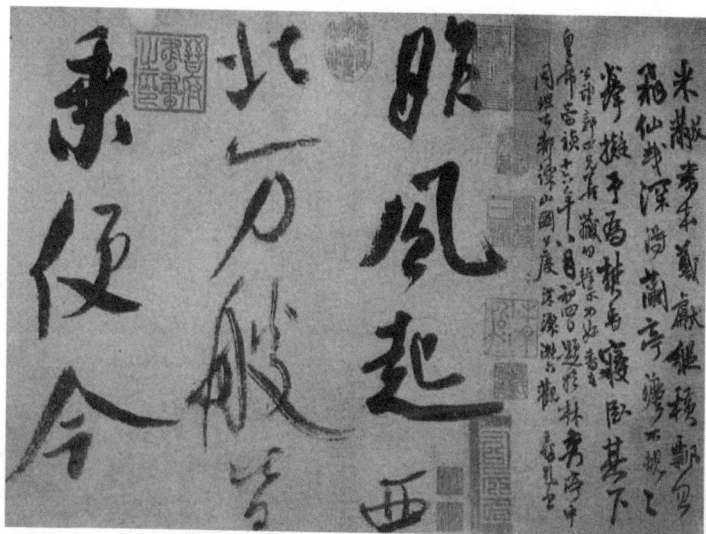

米芾《吴江舟中诗卷》书法作品

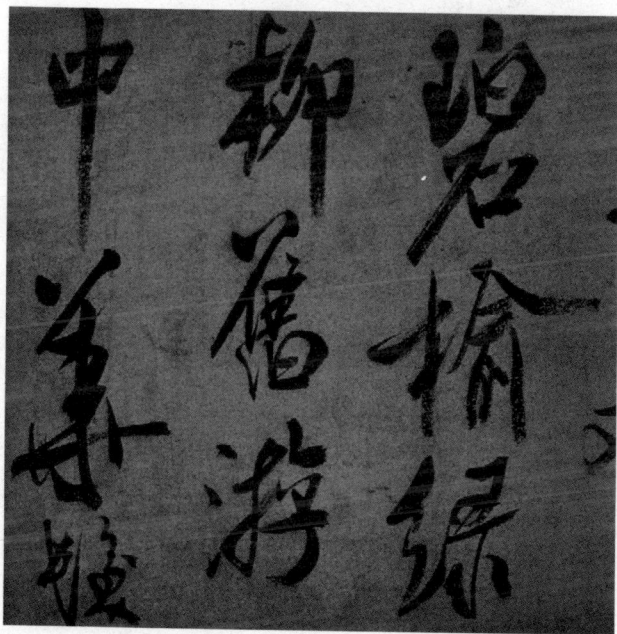

米芾《虹县诗》书法作品

日暮西山

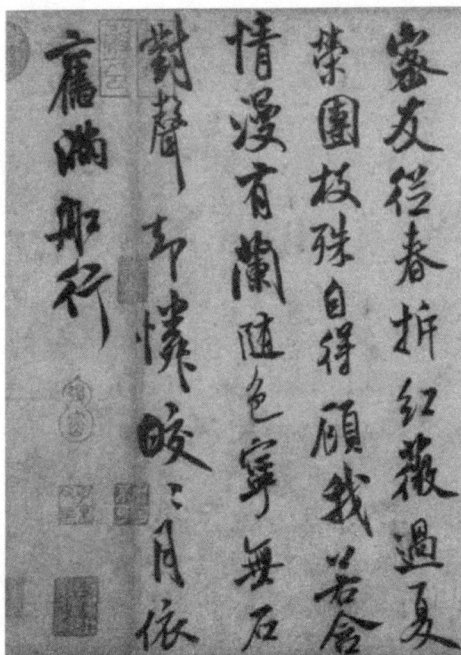

米芾《苕溪诗卷》书法作品

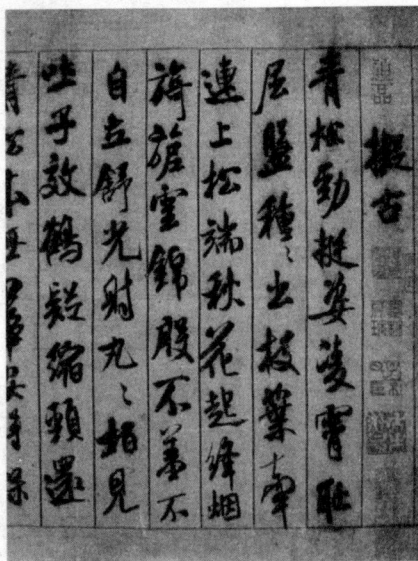

米芾《蜀素帖》书法作品

于纸上，写时更为自由奔放，使用的毛笔粗而饱满，笔法丰润，通篇变化有致，天真自然，是中年时期的得意作品。米芾自称其书为"刷字"，体势展拓，用笔浑厚爽劲的米芾行书在上述二帖中得到充分展现。

米芾中年和晚年的行草流传较少，未见宏篇巨制，大抵简札居多。《拜中岳命诗》笔法清劲流宕，章法初看似松散，而内在的气脉贯通，是中、晚年很有特色的作品。他的行书大字有《虹县诗》、《多景楼诗》等，笔力凌厉劲健，筋雄骨毅，变化无穷。

米芾的书法受到同时代和后人极高的评价。苏轼说他"超逸入神"，可与钟繇、王羲之并称。黄庭坚说其笔势胜似"快剑斫陈，强弩射千里"。明代董其昌对米芾书法评价最高，认为他的书法为"宋朝第一，毕竟出东坡之上"。

米芾的书法理论著作有《书史》、《海岳名言》和《海岳题跋》。其中《海岳名言》1卷，为米芾平日论书之语，此书对古人书法多有批评，有独到之处。其中运笔布格之法，是他平日书法实践的心得，所以能脱落蹊径。另外，他还有《画史》、《宝章待访录》传世。

蔡京被贬

蔡京为相后，恃宠擅权。崇宁五年（1106），慧星出现，徽宗以为上天发怒，所以听从刘逵的建议，夜半遣黄门至朝堂，毁去元祐党碑。蔡京因此事顶撞徽宗，赵挺之等人又上奏论蔡过恶，于是罢免蔡京尚书左仆射之职，贬为中太一宫使，留居京师，而以张挺之为相，废除蔡京执政时所作所为。

不久蔡京托郑贵妃说情，反巫赵、刘为邪党，而得再度入相，任用私党，提拔己子。郑居中主掌枢密院，暗地里指使公卿弹劾蔡京，又买通方士，密奏日中有黑子，为宰相欺君之兆。于是，大观三年（1109）六月，徽宗再次下诏罢去蔡京尚书左仆射的职务。但蔡仍得以留住京城，继续作威作福，而且在童贯协助下，不久又恢复了相位。

蔡京唯恐再遭谏官弹劾，遂想出一法，所有诏旨都由徽宗亲书，称作"御笔手诏"，如果违犯，即以"违制"论罪，至有不似御书者，群臣也不敢不遵行。朝野上下对蔡京不满日甚一日，而京畿一带又久旱不雨，并出现慧星，大臣们趁机再次群起弹劾蔡京。大观四年（1110），宋徽宗迫于舆论及星变、天灾等原因，不得以将蔡京贬逐出京，居住于杭州。

宋腰上黄服饰流行

"腰上黄"是流行于北宋徽、钦宗时期的鹅黄色的腰腹围，当时士庶竞相使用，一时成为风尚。

宋人的衣冠服饰崇尚素雅、大方和新颖。人们对衣冠色彩的追求从鲜艳和单纯变为繁多和协调，色调对比也趋于稳重和凝炼。除北宋官员所穿的官服还保持单纯的色彩之外，一般服装更多地使用复杂而调和的色彩。当时出现了印花的丝织品，就是在木板上雕刻图案，然后印在丝织品上的，称为"缬帛"。另一种名叫"销金"（"销金"就是编织丝织品时掺入金线）的丝织品也出现了。尽管政府三令五申，禁止民间生产、穿用"缬帛"和"销金"，但却屡禁不止。

宋代的汉族人民还吸收了周邻少数民族服饰的优点。契丹的番样头巾、青绿色男服、番鞍辔、毡笠以及铜绿、兔褐色的女服纷纷传入，被士庶和妇女竞相仿效。

宋徽宗、钦宗时，民间服装在款式、色彩和图案上出现新的风格。除了流行"腰上黄"以外，妇女的"不制衿"，即紧身短小、不结带纽的妇女便服也开始流行。其他的还有名为"错到底"的双色尖底的女鞋和"一年景"的妇女四季首饰和衣服竞相流行，出现了一次突破服装旧格调、旧样式的新高潮。

宋人口超过一亿

宋代，随着经济的发展，人口数量亦在迅速发展。到大观四年（1110），统计得全国共有 2088 万 2258 户，以每户 5 口计算，则本年人口当在 1 亿以上，这个数字约为汉、唐人口统计数的 2 倍。

由于兵役、劳役的需要，宋朝政府十分重视人口的统计，因而也为后代留下了大量的户口统计资料。在宋代，政府户籍统计不计算女性，而只登记男丁，因而每户人口数量平均约为 2 口多人。

到高宗末年（1131），北方国土沦陷，而南宋全国户口统计得 1136 万 4377 户，宁宗末年（1223）则增至 1267 万 801 户，若按每户平均 5 口计，南宋时人口约保持在 6000 万左右，不过南宋国土比北宋减少了 2/5，因此，这一人口数字也是相当高的。

李清照作《词论》

李清照（1084~1155?），号易安居士，齐州（今山东济南）章丘人。李清照自幼就受到良好的文化教养，诗文的修养很深。宋徽宗建中靖国元年（1101），18 岁的李清照与吏部侍郎赵挺之幼子、正在太学读书的赵明诚结为夫妻。赵明诚酷爱金石文字，有着"尽天下古文奇字之志"。婚后两人一起切磋文史，共同校勘古籍，幸福美满。大观元年（1107），赵明诚失官后便和李清照回到青州（今山东益都）赵氏的故里，致力收集古碑和文物。宣和三年（1121），赵明诚重新出仕，着手编写《金石录》。靖康元年，金人围攻汴京。次年，赵明诚携书 15 车南下。当时北方大乱，赵家青州故第 10 余间屋的书册物什全部被焚。李清照只携小部分文物随人群逃难，开始了她在南方颠沛流离的苦难生活。

李清照工于诗文，更长于词。她不但在词作上风格独具、光彩夺目，而

李清照像

且是词坛最早的词评家。她熟悉音律,掌握了高度的艺术技巧,高视阔步,目无余子。在早年写的《词论》中,她批评了从柳永、苏轼到秦观、黄庭坚等许多作家,提出了"词别是一家"的观点。她认为词分五音、五声、六律,又分清浊轻重,要求协音律,有情致,成为宋代的重要词论。她的诗文多以历史、世事和谈论文艺为主,题材较广。

李清照的创作因其在北宋和南宋时期生活的巨变而表现出前后期截然不同的特色。前期的词作大都描写她的闺中生活和内心情感以及自然风光。如《如梦令》中的"常记溪亭日暮"一句,写夏日野游小景,藕花深处的归舟、滩头惊飞的鸥鹭,写景如画,生趣盎然;《怨王孙》中"水光山色与人亲,说不尽无穷好",轻快的节拍中传达出作者开朗愉快的心情。此外,她的《凤凰台上忆吹箫》、《一剪梅》、《醉花阴》等词,通过描绘孤独的生活,含蓄地表达了闺中的寂寞愁情及对丈夫的深厚感情和相思之情,婉转曲折,清俊疏朗。作为女性作家,李清照在词作里展示自己的内心情感,大胆地流露对美好爱情生活的向往和对大自然的热爱,有违于当时封建礼教对妇女设定的教条,是其前期词作思想价值之所在,也是"花间派"代言体的闺怨词所无法相比的。

宋背子流行

在形形色色的宋代服装中,背子作为一种形制美观、穿着方便的实用便装,深受男子和妇女们喜爱。

背子的形制和半臂背心不同。背子的袖管长至手腕,两边衣裾平行且不缝合,两腋以下开叉。妇女背子的下摆长度和裙子相等,袖子则比衫子略宽(《事物纪原·背子》)。背子一般有两种式样,一种是在两腋和背后都垂带子,腰间用勒帛(一种束在外面而用丝织物做的带子)束缚;另一种是不垂带子,腰也不用勒帛,任其左右两襟敞开。

背子起源于宋代以前。到了宋代,男子的背子只作为衬服,一般不穿在外作为常服。

妇女的背子则可以作为常服甚至礼服穿用。据《东京梦华录·娶妇》记载,

辽代《采药图》，具有辽代民间画工的质朴风格。

当时东京的上等媒人一般"戴盖头,着紫背子";中等媒人则"戴冠子,黄包髻,背子"。在宋徽宗前,背子一般要用勒帛束腰,后来就不用勒帛,变成散腰了,这样就显得更为简便和潇洒。

契丹文长诗《醉义歌》成

《醉义歌》是辽代寺公大师用契丹文所作的一首长诗。经耶律楚材译成汉文才得以保存流传下来。

寺公大师,生平不详。耶律楚材的《醉义歌序》中称他为一时豪俊,善于作诗,"其旨趣高远不类世间语,可与苏黄并驱争先耳。"

《醉义歌》全诗叙述一个隐居山野的高士,在重阳秋风之中,与老农把酒共醉,表达了蔑视人间利名、高蹈出世的愿望。诗人在诗中还多次提到陶潜、李白,对他们洒脱不拘、寄情诗酒的生活及怡然自乐的心灵境界十分向往。此外,诗中一些诗句包含着精邃的佛玄哲理,如"梦里蝴蝶勿云假,庄周觉亦非真者","天地犹一马,万物一指同",显示出作者高超的文化修养和悟性。

从译文看,全诗120句,通篇为整齐的七言,只在结尾处杂以三、五、七言,稍有变化,更让人觉得气势一贯,飞泻直下。其中既有精妙的对句,又有夸张闳肆之辞,诗法结构颇似李白的七言古诗。

诗中描写田野风光,生动形象。如"欣然命驾匆匆去,漠漠霜天行古路","随分穷愁掘酒卮,席边篱畔花无数,"叙景写人,句句入画,表现了作者对大自然的高超审美感受能力,而且景中有情,表达出诗人对田野风情的喜爱。

因此,该诗在内容与形式风格上都和唐代隐逸诗派作品极为相似。该诗的出现,证明了契丹文字的发展已臻于成熟,能够胜任表情达意的需要,还为我们正确评价契丹文文学作品以及整个辽代诗歌的价值和地位提供了依据。

妇女裹头裹足开始流行

妇女裹头的习俗自唐代开始。当时妇女流行头戴皂罗，5尺见方，也叫做"幞头"，到宋代就称为"盖头"。据说当时妇女走上大街，常用方幅紫罗，以障蔽半身（《清波别志》）。司马光在《家范·治家》中提倡如果妇女有事走出家里的中门，就一定要"蒙蔽其面"。宋代时，妇女出门戴盖头日渐增多，当时东京的妓女出门都将盖头背系在冠子上。元夕节观灯，妇女戴着"幂首巾"上街，甚至到曲巷酒店中饮酒，仍然要"以巾蒙首"。到了南宋时，农村少妇外出，也要带上皂盖头。毛珝有诗说："田家少妇最风流，白角冠儿皂盖头。笑问旁人披得称，已遮月色又遮羞。"（《吾竹小稿·吴门田家十咏》）新娘在举行婚礼时戴上盖头也是源自宋代。据《梦粱录·嫁娶》记载，临安府富室的男女，在结婚前三天，由男家送给新娘一些"催妆"礼物，其中包括销金盖头。举行婚礼时，由男家夫妇双全的女亲，用秤杆或机杼挑下新娘的盖头，新娘"方露花容"。

裹足的风俗源自南唐后主李煜（937~978）。他曾下令宫女妃嫔用帛缠足，使之纤小，向上弯曲成新月形状。此后逐渐流行到京城以外的城市。苏轼曾写过一首词描写教坊乐籍的舞女仿效"宫样"缠足："涂香莫惜莲承步，长愁罗袜凌波去；只见舞回风，都无行处踪。偷穿宫样稳，并立双趺困，纤妙说应难，须从掌上看。"（《菩萨蛮·咏足》）把缠足女子的体态写得很美。北宋后期时，徐积（1028~1103）赋诗表彰蔡氏寡妇艰苦持家："何暇裹两足，但知勤四肢。"可见其时裹足现象已很多。南宋时，妇女裹足现象逐步增多。安葬在江西德安县的一周姓妇女，生前裹足，死后双脚犹裹有脚带，各长200厘米、宽10厘米，用浅黄色素罗制成。这是宋代妇女裹足的物证。

车若水（字清臣）目睹妇女从小缠足，遭受无谓的痛苦，最早撰文提出反对。他说：女子不到四五岁，就将双足"缠得小束"，"无罪无辜而使之受无限苦"，

"不知何用？"（《脚气集》卷一）这种观点在当时女子缠足蔚然成风之时显得难能可贵。

宋多名园

宋代园林在唐代基础上进一步向地方城市和社会深层延伸发展。尽管整个统治阶级的孱弱气质使文学、建筑、园林等方面都丧失了唐朝那种恢廓宏大的气魄，但园林能更广泛地和生活相结合，无疑是一种进步，且细致精巧的风格更趋成熟，标志着造园艺术的进一步发展。

北宋首都汴梁和西京洛阳，园林最为兴盛。汴梁城帝苑多达 9 处，其中宋徽宗时所建的艮岳就是最著名的。大臣贵戚的私园布列汴京内外，"都城左近，皆是园圃，百里之内，并无闲地"（《东京梦华录》），园林总数不下一二百处，甚至商店酒楼也设置园亭以吸引顾客。南宋临安，擅湖山之美，

建于宋代、苏州四大园林中历史最久的沧浪亭，富有古朴、幽雅的风格。

皇家御园多达 10 处，私园则遍布城内外，有记载的约 50 余处。北宋洛阳、南宋吴兴，都是贵族官僚消闲清暑之地，园林之盛，不减都城。

在州县公署内设立守居园池（郡圃、州圃）则是宋代的一种风尚，甚至一些僻郡也有后园池亭供守、吏休娱燕集之用。宋代的公署园圃，每值嘉时令节还向居民开放，任人游玩，以示"与民同乐"。

宋代园林建筑的一个特点是造型秀丽多样，宋画《黄鹤楼图》、《滕王阁图》所描绘的临江楼阁，其体制组合、屋顶穿插及与环境的企合诸方面表现出来的熟练技巧，仍使今天的建筑师们为之倾倒。王希孟《千里江山图》中所画的亭桥榭阁等建筑物，形式也很丰富多彩。文人雅士爱好亭园者，多自为设计，其间也不乏对园林建筑的创新，如欧阳修曾仿江船格局，作"画廊斋"于官署内：七间屋从山墙进入，用门贯通，如入舟中（见欧阳修《画舫斋记》）。陆游寓居，得屋两间，狭而深，形如小舟，名之为"烟艇"，以寄其江湖烟波之思（见陆游《烟艇记》），这些都是后世船厅、画舫斋、石舫之类的先驱。

春秋令节时城市居民踏青登高的活动促进了城郊风景点的发展。同时，私家园林春时开放供人游赏也成为一种社会风俗。两宋时风景园林已广泛渗入城市各阶层的生活，成为社会文化活动的重要组成部分。

宋代报纸迅速发展

宋代，我国古代报纸得到迅速发展，不仅中央和地方两级官报成为各级官吏和士大夫的必读之物，小报也应运而生，且发挥着越来越重要的作用。

中国最早的报纸是唐代的"进奏院状报"，也称邸报，由各藩镇派驻京师的进奏官根据政府发布的"报状"抄传编发，是藩镇传报朝廷消息的一种地方性官报。宋初中央集权进一步强化，进奏院被改为直属中央政府的行政机构，朝政大事由其"誊报天下"，发布的"进奏院状报"便上升为中央一级的官报，发行到地方后，各州进奏吏再据其内容要点编发"邸抄"或"邸报"。这样，便出现了中央和地方两级报纸。南宋，中央官报称"朝报"，且每日发行，

新闻时效性较强。

宋代官报内容除了一般诏旨章奏，还报道许多关于宫廷生活、仕官升迁、镇压农民起义和少数民族的战报等国家政事的动态，通过阅读报纸得知朝廷大事，不仅成为各级官吏和士大夫茶余饭后的雅兴，也是他们侧身官场的一种政治需要。

宋代的官报审稿和发布制度较严格，官报样本传布各地前需经中央执掌军权的最高机关枢密院审查；到南宋则改由最高国务机关之一的门下省编定。进奏院将严格筛选出来的官报"定本"向地方发布。后来又出现了脱离"定本"制度的"小报"，这是报纸在宋代的一个重要发展。小报出现于北宋末，盛行于南宋，是宋朝内外矛盾交错的产物。长期以来主战派和主和派之间、改革派和保守派之间矛盾尖锐，官场人物及其附庸都想及时得知朝廷动态和内幕新闻，进奏官吏和专事探听消息者合伙秘密经营的"小报"便应运而生。他们利用职权，抢先用小纸书写官报尚未发表和不准发表的消息，以及奏章中未曾实施的事，并飞报远近，高价出售，"小报"之称即由此而来。"小报"还曾被"隐而号之曰新闻"，具有时事报道含义的"新闻"一词就从南宋起和报纸联系在一起。小报的新闻性很强，但内容有真有假，因其消息有的来自政府机构的泄漏，有的来自市井谈论，甚至有的纯属凭空编造。徽宗时，就发生过小报刊登伪诏的事件。当时，徽宗任用蔡京主持国政，蔡京对外妥协投降，对内搜括勒索，正直官吏和百姓都很痛恨。大观四年（1110），小报上突然登出徽宗斥骂蔡京的诏书，且淋漓尽致，大快人心。虽然这是小报经营者的编造，但人民的呼声和愿望却得到曲折的表达。

"小报"这种半官方半民间的报纸具有强大的生命力，它动摇了官报的垄断，冲击了"定本制度"，被统治者认为制造了混乱、蛊惑了人心而屡遭严厉查禁，但不仅没有在宋代绝迹，而且在明、清二代得到了发展。

宋瓦子和民间说唱繁荣

宋朝建立后，中原的经济、文化艺术得到恢复和发展，商业和手工业出现了空前未有的繁荣。由于市民阶层力量的壮大，坊市制的解体，城市人民的游乐中心，从节令的寺观中心，转向了经常性的繁闹的瓦子。这些历史性的变化为市民音乐的产生和发展提供了前所未有的广泛的观众和场所。

所谓瓦子，即瓦舍、瓦市或瓦肆，是城市市民交易、憩息、游耍的集中地。汴京和临安出现了许多瓦子，其大小数量不等，是市民文艺的渊薮。瓦子中有大大小小的用栏杆围成的勾栏，往往十数座甚至数十座，大者可容上千观众；勾栏中有台，是艺人献艺的场所。瓦子勾栏中的伎艺十分多样，北宋末崇宁、大观（1102~1110）以后，有属于音乐舞蹈杂剧一类的如小唱、嘌唱、散乐、舞旋、杂剧、傀儡、影戏，属于说唱、说书、讲史、文字游戏一类的如诸宫调、说《三国》、《五代史》、说浑话、合生、商谜，属于杂技体育一类的如筋骨、上索、球杖、踢弄、绰刀、相扑、蛮牌、弄虫蚁等等。

此外，民间的说唱艺术也从瓦子中产生发展繁荣起来。

说唱艺术，是通过说说唱唱来讲故事的一种语言艺术。它的品种繁荣，体裁多样。可分为说的、唱的、又说又唱的和似说似唱的4种。

"说话"以说为特点，类似讲故事，是最盛行的说唱艺术。鼓子词又称道情，是采用一支词调反复歌唱的表演方式，用鼓作为伴唱乐器，有咏景抒情和叙述故事两种。唱赚是产生于南宋初期的一种歌唱形式，是唱中组合有"赚"这种套曲。诸宫调由不同宫调的南曲曲牌组成，说白相间叙事。

这些说唱种类之间没有绝对的分离，相互之间可以吸收、融合。如此详细的分类，如此完善的结构和独特的个性，说明说唱艺术在宋朝就已经相当完善和兴盛了。

宋置安济坊

宋徽宗崇宁元年（1102）八月，置安济坊，养民之贫病者，并令诸州县皆置。次月，又在京师置居养院，以安置鳏、寡、孤、独，用户绝者房屋和财产作为经费。并诏令16户外遇寒僵仆者、无衣丐者，允许就近送入居养院，给以钱米救济。对孤贫儿童，可令入小学读书。道路遗弃小儿，雇人乳养。

宋徽宗朝的这些慈善措施，是对前朝政策的继续。仁宗时，曾在京师设东、西福田院，收养老病孤寡乞丐；英宗时，增设为东、西、南、北4福田院，收养人数也由24人增至300人；神宗时，规定慈善机构可使用户绝者的房屋或官屋，以户绝者的财产为经费，不足者政府贷款。

对无主的死者和贫不能葬者，宋政府也协助办其后事。仁宗时，在京师近郊佛寺买地，安葬无主死者；神宗时，对开封府界贫不能葬者，划出官荒田3至5顷，听人安葬；徽宗时重设漏泽园，作为贫无以葬或客死暴露者的坟场。

后来，居养院、安济坊、漏泽园日益靡费无度，入不供出，于是，在宣和二年（1120），徽宗下诏裁减其规模，并规定：凡符合条件入居养院者，每人每日给米或杰米1升，钱十文；十一月至正月间，每人加柴炭钱5文，小儿减半。又规定安济坊依此法发放钱粮，医药则照旧制。漏泽园只负责埋葬，而不再供给斋醮等事。

太一教出现

宋辽金元之际，是道教自我改革、新教派涌现的时期，全真、太一、大道是这时北方出现的三大教派。太一教专以祈禳被袚为事，是三个新道教中唯一的符箓派。

旧符箓派随着徽钦二帝被掳而失去了信用，新符箓派却又立即出现，归根结底，只因宋辽金元交相代替，在战乱、天灾、饥馑、瘟疫和贪官污吏、民族仇隙压迫下的人们，不得不寄一线希望于冥冥之神。结果，以巫祝之术御世的符箓之术，经过一番修整改造，又得以盛行于民间，活跃于朝野。

金代初年在华北出现的太一教，因传授"太一三元法箓"而得名。太一教的渊源应直溯天师道，并与天师道演变出的正一道关系密切，最后还双双合流。

太一三元法在北宋末其实已颇流行，河南人萧抱珍取其法箓，在家中施符传道，遂创立了太一教。后来信徒渐众，便结庵于赵州，以符药济人，每年受其符箓、拜为门徒者不下千人。金朝皇统八年（1148），萧抱珍应诏入京并受到敕封，标志着太一教得到金庭的正式承认。此后，太一教声教大振，门徒数万，势力东渐于海。

太一教历代继承法嗣者都从教祖之姓改姓萧，并继承秘箓法物。四祖萧辅道是光大门庭的重要人物，他才德兼茂，曾经劝服蒙古兵罢屠城之举，一言而活人无数，声望甚高，又劝元世祖爱民立制，为士林所倾仰，被称为"一世伟人"；王祖萧居寿以忠信孝慈为行身之本。由于几代祖师的德行流传，太一教得以应和士林，上邀皇宠，下服民众，使太一教名孚一时。但太一教毕竟还是缺少全真教王重阳和全真七子那般高见卓识之士，其宗教素养和学识相对较低，因而始终不能领袖群伦，成为道教的主流，在七祖之后便默默无闻，为正一道所并。

太一教虽热心符箓，但也讲究内炼，以"一灵真性"为书符行法的诀要，强调冲静玄虚、品德坚洁为主，而以符箓为辅。太一教将符箓与内丹修炼、伦理实践相结合，体现了这一时期符箓派的新特点，从中也可看到当时三教合流思潮的冲击和影响。

杨介作《存真图》

《存真图》原名《存真环中图》，为泗州（今江苏盱眙）医家杨介所撰。北宋崇宁年间（1102~1106），泗州处决犯人，郡守李夷行让医生及画工对犯人尸体解剖胸腹，察验脏腑，并一一绘制成图。杨介在这些图的基础上，又参

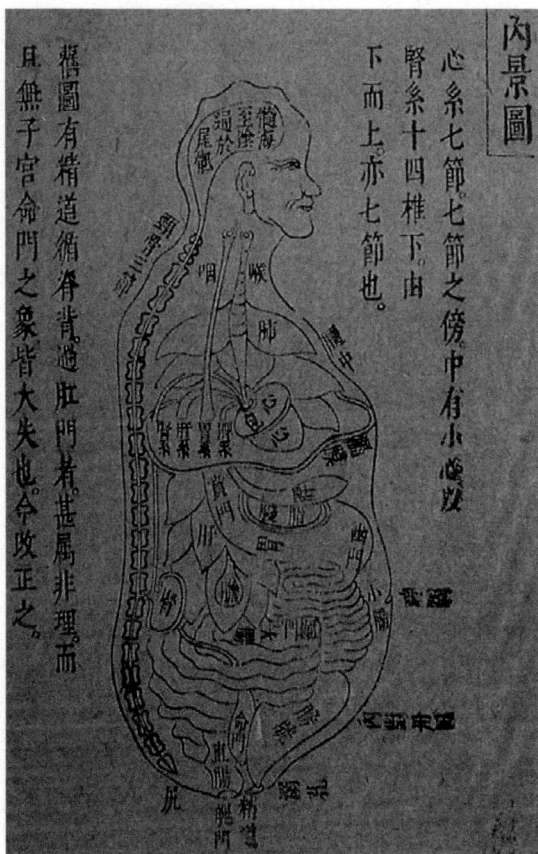

《内景图》，源于宋代杨介的《存真图》，反映人体内部
的结构形式。

照古本，取烟萝子所画，增加上十二经脉图，遂撰成《存真环中图》。"存真"
指五脏六腑图，"环中"指十二经脉图。它和《欧希范五脏图》是北宋时期
我国人体解剖学的宏伟巨著。

　　杨介的《存真图》从不同侧面描绘了胸腹脏器官的解剖位置和形态。如
"人身正面图"描绘了喉结、肺、心、膈、肝胆、脾胃、小肠、大肠、膀胱、
尿道等胸腹腔的正面观；"人身背面图"描绘了肺、肝、脾胃、左肾、右肾、
小肠等胸腹腔的背面观；"心气图"描绘循环系统，绘出了心脏、出入心脏
的血管及连属的脏腑；"气海膈膜图"绘出了横膈及穿过横膈的血管、食管

形态；"脾胃包系图"描绘消化系统；"分水阑门图"描绘泌尿系统。在侧面图上，还绘出了脑髓、脊髓及其之间的联系。

杨介的《存真图》对后世影响很大，元代学者孙涣的《玄门脉诀内照图》（1273年）、朱肱《内外二景图》（1118年），施沛《脏腑指掌图（1546年）、高武《针灸聚英》（1546年）杨继州《针灸大成》（1601年）、钱雷《人镜经》（1606年），王圻《三才图绘》（1607年）、龚届中《万寿丹脏腑篇》（1630年）等书，都直接或间接引用了杨介《存真图》的图形和注文。

《存真图》可惜在清代已失传，但可以从《玄门脉诀内照图》中知其大貌。从现代解剖学的角度来看，虽然《存真图》不够精细，但在当时无疑是一项重要的医学成就。

1111~1120A.D.

宋辽金夏

1112A.D. 宋政和二年　辽天庆二年　夏贞观十二年

女真首领阿骨打起兵并吞邻族。

文学家张耒、苏辙死。

1113A.D. 宋政和三年　辽天庆三年　夏贞观十三年

六月，女真阿骨打立为都勃极烈。

1114A.D. 宋政和四年　辽天庆四年　夏雍宁元年

九月，阿骨打起兵反辽，破宁江州，辽遣兵击之。十一月，阿古打大破辽兵于出河店，辽宾、咸、详等州及铁骊部皆降于女真。

1115A.D. 宋政和五年　辽天庆五年　金太祖完颜旻收国元年　夏雍宁二年

正月，阿骨打称皇帝，国号金。

辽帝亲征金，大败于达鲁古。

1116A.D. 宋政和六年　辽天庆六年　金收国二年　夏雍宁三年

金取辽潘州，破东京，杀高永昌，于是辽之东京州县皆入于金。

1117A.D. 宋政和七年　辽天庆七年　金天辅元年　夏雍宁四年

二月，大理贡于宋，封其王段和誉为云南节度使、大理国王。

四月，宋帝称教主道君皇帝。

1118A.D. 宋重和元年　辽天庆八年　金天辅二年　夏雍宁五年

道藏付印。

1119A.D. 宋宣和元年　辽天庆九年　金天辅三年　夏元德元年

宋攻夏，大败；四月宋又攻夏，小胜；五月，宋又败夏于灵武。

1120A.D. 宋宣和二年　辽天庆十年　金天辅四年　夏元德二年

正月，宋罢道学。

辽金和议不成，金帝自将攻辽，五月，陷辽上京。

十一月，睦州青溪方腊以花石纲扰民，聚众起义。东南大震；宋命童贯攻之。

1111A.D.

神圣罗马帝国巴斯卡尔二世以苏特里条约之故，拒绝为亨利加冕。亨利怒，将教皇及红衣主教多人捕获，并置之狱中，教皇始屈服。

1112A.D.

皇帝亨利离去罗马后，教皇立即召集拉特兰会议，否认苏特里条约之效力，并将亨利五世驱逐出教。

1116A.D.

约自此时起"哥特式"建筑开始了现于法兰西。

金明池开放

宋太平兴国七年（982），宋太宗对金明池情有独钟，常在此观看水战演习；政和年间（1111~1118），宋徽宗于池内建殿宇，为皇帝春游和观看水戏之所，使这一始建于五代后周显德四年（957）的别苑不再用于演习水军，每年三月初一至四月初八开放，允许百姓进入游览。沿岸"垂杨蘸水，烟草铺堤"，东岸临时搭盖彩棚，百姓在此看水戏。西岸环境幽静，

金明池图

游人多临岸垂钓。宋画《金明池夺标图》是当时在此赛船夺标的生动写照。

位于宋代东京顺天门外的金明池又名西池、教池，是一座以水景为主的风景园。金明池周长九里三十步，池形方整，四周有围墙，设门多座，西北角为进水口，池北后门外，即汴河西水门。正南门为棂星门，南与琼林苑的宝津楼相对，门内彩楼对峙。在其门内自南岸至池中心，有一巨型拱桥——仙桥，长数百步，桥面宽阔。桥有三拱"朱漆栏楯，下排雁柱"，中央隆起，如飞虹状，称为"骆驼虹"。桥的尽头，建有一组殿堂，称为五殿，是皇帝游乐期间的起居处。北岸遥对五殿，建有一"奥屋"，又名龙奥，是停放大龙舟处。仙桥以北近东岸处，有面北的临水殿，是赐宴群臣的地方。金明池

成为北宋著名别苑，得到北宋诗人梅尧臣、王安石和司马光等人的咏赞。

金明池风光明媚，建筑瑰丽，它既有严肃的皇帝苑囿气氛，又有市俗游乐的性质。直到明代还是"开封八景"之一。

宋徽宗崇道

政和三年（1113）九月，赵佶（徽宗）尊崇道教，本月赐方士王老志号洞微先生，王仔昔号通妙先生。

赵佶崇奉道教，已达到了十分狂热的程度。政和七年（1117）四月，他自称"朕乃上帝元子，为神霄帝君"，诏令道箓院册封他为"教主道君皇帝"。

他信用道士，给予优厚的待遇。四年（1114）正月，置道阶，赐号先生、处士等，秩比中大夫至将仕郎，共26级。六年（1116）正月，置方士林灵素号通真达灵先生。林灵素，温州（今浙江）人。少学佛，因不堪其师打骂，去而为道士。政和间，道士王老志死后，另一道士王仔昔又失去宋徽宗的宠信，经主管道教的大臣徐知常的推荐，徽宗召见了林灵素。林灵素一见徽宗，就大言不愧地宣称，天有九霄，而神霄最高，神霄玉清王是上帝的长子，主管南方，号称长生大帝君，这就是陛下。而林灵素自称是仙卿下降，蔡京是左元仙伯，王黼、童贯等也各有名号，都是上界下凡来辅佐徽宗治理天下的。当时刘贵妃深得徽宗宠爱，林灵素则说她是九华玉真安妃。徽宗听后大喜。政和六年（1116）正月，赐林灵素号通真达灵先生，赏赐其大量财物，并将林灵素家乡温州改为应道军。次年十二月，加灵素号通真达灵元妙先生，张虚白通元冲妙先生，相当于中大夫，出入诃引，以至于与诸王争道，京城人称为"道家两府"。其徒美衣玉食者约有2万人。重和元年（1118）十月，又置道官26等，道职8等。道士皆有俸禄，每一道观给田不下数百千顷。凡设大斋，往往费钱数万贯。

宋徽宗还大肆宣扬道教，提高道教的地位。政和三年（1113）十二月，下诏求道教仙经于天下；四年（1114）正月，下令置道阶二十六级、道官二十六等；六年（1116），下令立道学、修《道史》；重和元年（1118）八月，颁发《御注道德经》，九月，诏太学置道教各经博士等等。政和七年（1117）

四月，他还自称是神霄帝君下凡，讽谕道箓院册封他为"教主道君皇帝"，集天神、教主、人君三位于一体。从此，道教愈发兴盛起来道教的地位被抬到空前的高度。

宋帝不营寿陵

宋于960年统一中原后，政治和军事上与辽、西夏、金先后对峙，国内经济与唐代相比大为衰退。这一时期的陵墓建筑受国家经济实力的限制，规模变小而装修精致，形成了宋陵特有的风格。

宋有定制，规定帝后生前不营寿陵。驾崩之后才派官员选择陵址吉日，在七个月内筑陵入葬。北宋共九帝，除末叶的徽宗、钦宗外，其余七帝的陵墓集中于河南省巩县南效伊洛河与石子河之间的平原上，形成一个庞大的陵

河南巩县宋陵神路

墓建筑群，称为"七帝八陵"，分别为：太祖赵匡胤永昌陵、太宗赵光义永熙陵、真宗赵恒永定陵、仁宗赵祯永照陵、英宗赵曙永厚陵、神宗赵顼永裕陵、哲宗赵煦永泰陵、外加太祖之父赵宏殷的永安陵。"七帝八陵"座北面南而置，面对嵩山，背临黄河，还有后陵和陪葬墓等形成一区。后陵附葬在帝陵的后部偏西处，形式与帝陵形式相似，规模为帝陵之半。诸陵的地域都颇广阔，地表的建制雷同。每一陵墓的总体布局均采取对称形式，在自南至北的中轴线上依次配置楼阁式的鹊台、乳台、南神门、献殿，直达下设地宫的灵台。灵台外围有神墙，墙四面各开神门，四隅设有角楼。陵前雕塑分列神道两侧，自南而北，有望柱、象、祥瑞禽兽、鞍马、虎、羊、各国使臣、文武百官、狮子等，形象逼真，雕造精湛，构成宋陵雕饰的独特面貌。

宋陵之像饰品种繁多，取意新颖，祥瑞禽兽及象等均为先代所无，表明宋陵雕饰艺术继唐陵之后，续有发展。

宋陵神道雕塑以祥瑞禽兽为先。瑞禽是幻想的飞禽，马首鸟身，长尾作孔雀开屏状。英宗赵曙永厚陵的瑞禽浮雕马首鸟身，双翼开展，长尾飞扬，曲项回首，神态逼真，构思巧妙，雕刻手法细腻，整体造型富于装饰意味。瑞兽又称角端（或獬豸，麒麟），它是神兽，头如麒麟，鼻唇上卷，颔下长须，头生独角，躯体健硕如狮，膊生双翼。太宗赵光义永熙陵的角端形象，融合进狮子的雄强、麒麟的神异、天马的昂奋，造型独特，形体简洁生动。祥瑞禽兽列于陵前，意在夸示统治者的德政。宋陵的象是御前驯象，形体高大，几如真象，通体装扮得花团锦簇。此外，狮、羊、虎等陵前雕塑姿态各异，施刻手法成熟，其中永熙陵的石羊被誉为宋陵石雕中的精品。宋陵的人物雕塑包括外国使臣、文武侍臣，各取典型姿态，形貌服饰皆有特色，表现手法深刻入微。

宋代明器艺术较前朝有所提高。宋陵墓内明器除金银器皿外，还有木、石、陶瓷俑像等随葬其中，以石为偶人是宋代埋葬制度中的特点。石俑种类有文吏、武士、男侍、女仆、马夫等。宋代木俑制作技术高度成熟，仍沿袭前代雕刻传统，刻出高大的形貌然后施绘。陶瓷俑像是宋代墓葬的一大特色，文武俑、男女侍俑和十二生肖俑普遍流行。宋陵墓室雕饰精湛，墓室砖石雕刻艺术达到很高水平。

总观北宋八陵，可以看出这一时期的陵墓建筑规模较唐代小，但地下墓室建造工整、装修精致，陵前像饰种类繁多，雕饰艺术较唐代发达，宋陵的许多艺术作品真实地反映出当时的社会生活状况和审美趣味，成为研究宋代历史及文化艺术的宝贵文物。

钱乙奠基中医儿科

1113 年，宋医学家钱乙去世。

钱乙（1032~1113），字仲阳，郓州（今山东东平）人，北宋著名的儿科专家。他在儿科理论方面取得了重大成就，《钱氏小儿药证直诀》一书，成为中医儿科的奠基之作。

钱乙出身于医学世家，从小刻苦学医，精通本草诸书，用方不拘泥于古，大胆试验，采用新法，以擅治儿科疾病闻名。宋神宗元丰（1078~1085）中，因治愈长公主之女疾和皇子瘛疭，授翰林医学，擢太医丞。钱乙死后，1114 年，其门人阎孝忠将他几十年来治疗儿科病的心得经验整理成《小儿药证直诀》（亦称《小儿药证真诀》、《钱氏小儿药证直诀》）。在这本被誉为"幼科之鼻祖"的著作中，全面论述了小儿的生理病理特点及临床证治，总结出"面上证"和"目两种望诊法"，通过审神小儿面部及目睛色泽来判断疾病，又用前人脏腑证候分类法，来辨治小儿病证。他依据小儿"脏腑柔弱"，"五脏六腑成而未全，全而未壮"的生理特点和患病"易虚易实，易寒易热"的病理特点，以及小儿难以主诉病情，脉诊又难以作凭据的特殊情况，在治疗上以"柔润"为法则，力戒"痛击"、"大下和蛮补"，做肾脾方面的调养。他用"导赤散"治疗小儿心热，用"六味地黄丸"治肾虚，用"异功散"治消化不良等，这些都是佳效良方，至今仍为后人所常用。

《小儿药症直诀》是钱乙一生的医术总结，此书理论联系实际，突出脏腑辩证思想，堪称中医儿科学的奠基之作。

宋封大理国王

政和六年（1116），大理派遣使臣李紫琮、副使李伯祥至宋朝贡。宋徽宗诏令广州观察使黄甿、广东转运副使徐惕陪同赴京。大理使臣由广州北上，到鼎州（今湖南常德），参观了当地学校，瞻拜了孔子像，会见了学校学生。

云南大理三塔

七年二月，到达京城开封，献上马三百八十匹，以及麝香、牛黄、细毡、碧轩山等贡物。

宋徽宗在紫宸殿接见大理使臣，封大理国主段和誉为金紫光禄大夫、检校司空、云南节度使、上柱国、大理国王。

小劳术发明

"小劳术"是宋人蒲虔贯根据前人导引术改编的一套健身功法。据说蒲虔贯少年时体弱多病，于是对养生术产生了兴趣。经过多年的研究，他感到当时流行的许多养生术"往往拘忌太多，节目太繁，行者难之"（《保生要录·序》），于是提出："养生者，形要小劳，无至大疲，故水流则清，滞则污，养生之人，养血脉常行如水之流，坐不欲至倦，行不欲至劳，频行不已，然宜稍缓"，（《保生要录·调肢体门》）的"小劳"论断，这是他的小劳术的根本原则。也就是说，进行养生锻炼不能过于疲劳，否则会适得其反。他编的"小劳术"的具体势态是："两臂欲左挽右挽如挽弓法；或两手双拓如拓石法；或双拳筑空；或手臂左右前后轻摆；或头项左右顾；或腰胯左右转；

时俯时仰；或两手相捉，细细捺如洗手法；或两手常相摩令热，掩目摩面。"他指出，这种"小劳术"可以"事闲随意为之，各十数过而已。每日频行"，效果是"必身轻目明，筋节血脉调畅，饮食易消、无所拥滞。体内少不佳快，为之即解"（同上引）。

　　蒲虔贯这套简单易学的健身功法体现了宋代引导术的特点。其观点承袭了东汉华佗"人欲得劳动，但不当使其极耳"的论点，符合人体生理变化的特点，因而深受人们的喜爱。

宋江起义

　　宣和元年（1119），宋江在河北起义。

　　传说宋江初起义时只有三十六人，专门打击惩罚贪官污吏。宣和元年十二月，宋王朝曾下诏对宋江起义军招安，但起义军并不投降，继续战斗。后来东南爆发了方腊起义，宋王朝暂时无暇对付宋江起义军，起义军发展到数百人，他们转战于京东各地，出没于青（今山东益都）、济（今山东济南）、濮（今山东鄄城北）、郓（今山东东平）一带。各地官府闻之丧胆，对宋王朝的封建统治构成了较大威胁。

贺铸作《青玉案》

　　贺铸（1052~1125），北宋词人，字方回，卫州（今河南汲县）人。他是唐代贺知章的后裔，自称远祖本居山阴。后来因以知章居庆湖（即镜湖），又自号庆湖遗老。贺铸从小就喜爱读书，知识渊博，终因喜谈当世事，"可否不少假借，虽贵要权倾一时，小不中意，极口诋之无遗辞。"他晚年生活穷困，退居苏杭一带，于宣和七年（1125）在常州僧舍中逝世。编有词集《东山乐府》及诗集《庆湖遗老前后集》20卷传世。

　　贺铸的词柔中带刚，刚柔并济，风格变化多样。他的许多描写恋情的词都继承了温庭筠等人的风格，写得委婉动人，饶有情趣。《青玉案》正是一

篇这样的名作。词中写到："凌波不过横塘路，但目送芳尘去。锦瑟华年谁与度，月桥花院，琐窗朱户，只有春知处。飞云冉冉蘅皋暮，彩笔新题断肠句，若问闲情都几许？一川烟草，满城风絮，梅子黄时雨。"辞藻优美，即景抒情，一方面反映出贺铸渴望建功立业的胸怀，同时也表现了他追恋过去欢乐和退隐生活的消极情绪。特别是结尾处三个巧妙的比喻：烟草、风絮、梅雨，形象新颖鲜明，被称为"词意精新、用心良苦"，贺铸因此有"贺梅子"之称。

洪兴祖《楚辞补注》集楚辞研究精华

《楚辞补注》共17卷，作者为宋代洪兴祖（1070~1135），字庆善，丹阳（今属江苏）人，曾任秘书省正字。

此书是为补正王逸《楚辞章句》而作，体例为先列王逸注，再以"补白"阐述己说，既补王逸之未详，又正其疏误。补注中除训诂名物外，大量引征历史传说、神话故事。所引典籍，必举出处，弥补了王逸征引典籍不言书名之不足。《楚辞补注》集楚辞研究精华，王逸以后郭璞的《楚辞注》、徐邈的《楚辞音》等旧注今多亡佚，而在该书的征引中尚可见一斑。此书作风严谨，辨析精密，《四库全书总目》称它"于《楚辞》诸注中，特为善本"。此书问世后，《楚辞章句》之单行本渐少。

宋罢道学

自宣和元年（1119）宋徽宗将林灵素放归温州后，道士逐渐失宠。朝野上下对林灵素等鼓吹的一套道学理论纷纷提出怀疑与批评。徽宗也感到所谓道学已难自圆其说。于是，在宣和二年正月，下诏罢道学，将儒道合而为一，不再别置道学。自此，道教及道士的地位日渐下降。

道士林灵素得宠后，其权势可与宰相执政相比，被京师人称为"道家两府"。他对百姓作威作福，任意期凌，京师人民对其深恶痛绝。宣和元年（1119）

京城开封大水，徽宗命林灵素作法退水。当他率领徒弟们刚登上城，百姓闻讯举着木棍蜂拥而来，争着要打死他。林灵素仓惶逃走。徽宗自此方知林灵素为百姓所痛恨，心中不乐，后灵素路遇皇太子，不加回避，太子入诉徽宗，徽宗大怒。

本年十一月贬林灵素为太虚大夫，斥回温州（今浙江）故里。又命江端本通判温州，监督灵素。不久，江端本上奏揭发灵素居处超越制度，徽宗诏令徙其楚州（今江苏淮安）安置。

方腊起义

方腊（？~1121）又名方十三，睦州青溪（今浙江淳安）人。方腊家有漆园，多次受到造作局官员的勒索。于是，

山东崂山的太清胜境

他以反对朱勔花石纲之名，利用包括摩尼教在内的各种秘密宗教活动，组织农民准备起义。正在这时，帮源里正方有常发觉了方腊的活动，派人向官府作了报告。

方腊得知这一消息，当即采取果断措施，杀掉方有常一家四十余口，于宣和二年（1120）十月九日在自家漆园召集骨干进行紧急动员。方腊首先痛斥了北宋统治者对内残酷剥削农民，对外向辽、夏输币纳贡屈膝投降的罪行，号召大家揭竿起义，当即得到当地人民的热烈响应。

十一月一日，方腊称为"圣公"建元永乐，设官封将，建立了政权。起义队伍很快从千余人发展到近万人，并攻占了青溪县城，接着又一鼓作气，攻下了睦州州治建德城与睦州所属寿昌、分水、桐庐、遂安等县。十二月二十九日占领了杭州。这时，东南州郡纷纷响应，起义队伍发展到将近百万人。

赵佶发展宋画院

北宋末年，徽宗赵佶重视绘画艺术。在他统治期间，丰富皇室收藏，扩充翰林图画院，完善画院体制，提高画院地位，改善画家待遇，形成一时之盛，出现了两宋画院中最为繁荣昌盛的局面。

为了培养宫廷绘画人才，徽宗于崇宁三年（1104）设立画学，隶属国子监，成为国家培养画家的最高学府。画学共分6科，即佛道、人物、山水、鸟兽、花竹、屋木6个专业画科。

宋徽宗不但自己作画，还亲自指导画院的学生学习。他对于画院的花鸟画，特别强调描绘对象的真实性，比如他要求画月季花，要表现出四时朝暮花蕊枝叶的不同；画孔雀升墩，要看清楚先举左腿还是先举右腿。所以，宣和画院的花鸟画受到这一要求

《鸲鹆图轴》，赵佶画。

的影响，多崇尚细腻生动的画风。至于他自己的作品，则多为水墨花鸟画，描绘工细入微，设色均净，富丽典型，笔墨精妙，神形逼真。赵佶的传世作品很多，如《瑞鹤图》、《芙蓉锦鸡图》、《柳鸦图》等，这些作品风格多样，艺术水准精湛绝妙。

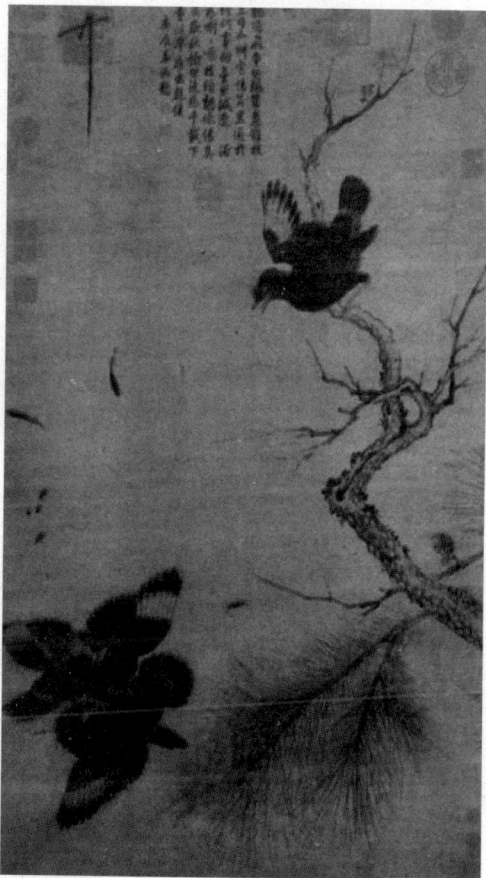

日
暮
西
山

《柳鸦图》，赵佶画。

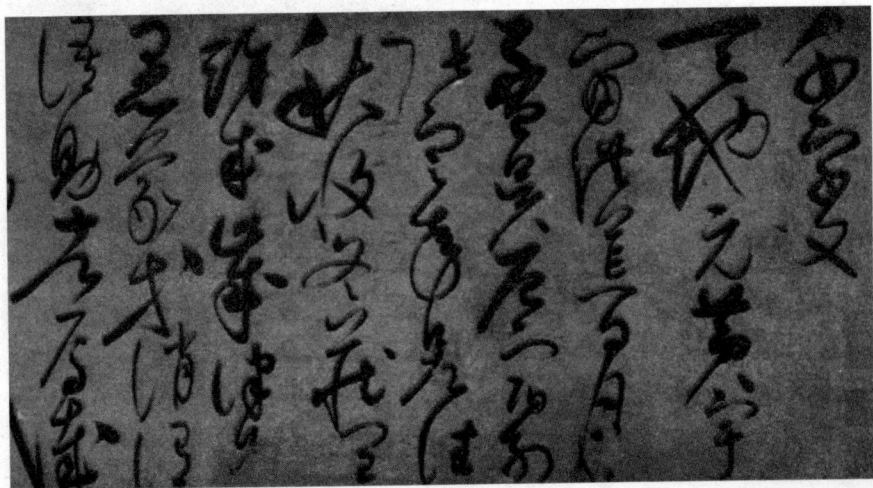

赵佶《千字文》书法作品

在书画保护方面，赵佶对宫内的旧藏进行重新装裱，并亲自为书画题写标鉴；同时，对一些古代绘画资料进行临摹复制，如摹制《虢国夫人游春图》等。在书画利用上，赵佶曾举行一次盛大的内府收藏书画展览大会，邀王公大臣集体观赏。他还用古书画进行教学，培养画家。他每隔10天，即将御府的图轴两匣，命太监押送到画院中，让画院中的学生观摩学习。

在整理著录上，赵佶令人将宫内收藏书画编摹成《宣和书谱》和《宣和画谱》两部书。《书谱》按帝王诸书和篆、隶、正、行、草5种书体，记录了197名书家小传及1240余件书法作品。《画谱》分道释、人物、宫室、龙鱼、山水、鸟兽、花木、墨竹、蔬果10门，记录了231名画家小传及6396幅作品。这是我国第一次较为完全系统地记载宫廷书画收藏的著录书，在中国书画史上占有重要地位。

宗徽宗注重画院，兴办画学，推动了中国美术事业的蓬勃发展。

宋商业草市兴旺

在宋代以前，商业活动在空间上和时间上都受到严格限制。全部市场的商业活动都是在官府的监视下进行的。市场全由官设，称为"官市"，在县以下的村镇官方不设市，同时严令禁止地方政府或民间自行设市交易。到了宋代，商业活动不再被限制在官方设置的"市"内进行，原先的种种限

宋代舂米砖俑，劳作气氛浓烈，生活气息浓厚。

制都被打破了。这个时候，在前代已有的，数量较少、规模也不大的草市发展得十分普遍，而且有些草市规模相当可观。

草市，相对于官市，指非正规、未得官方正式认可的民间自设交易区。宋代时多指城市郊区自发产生的商业区。那时商业活动几乎是随时随地都可

进行。

北宋时，东京城外近郊的草市买卖昼夜不绝，其夜晚的商业活动甚至比汴京更热闹。都城是这样，外路州县也是如此。西部边陲秦州城外的草市，就有居民军营万余户人家。南宋时鄂州城外的南草市，因其在长江沿岸，是商船重要停泊处，又处于南北交通重要通道处，所以特别兴盛，有居民近十万户，其繁华程度同都城临安相比也不逊色。

宋代草市的大规模发展不同于传统城市中的市。草市的建立人为因素较少，多是自然形成的。因而草市通常建在交通要道上，或是手工业集中的地方。这主要是为了适应贸易的需要而产生的。而当宋王朝政府看到草市如此兴盛，便把它发展成为城市厢坊的一部分，这样草市虽在城外，官方却用治理城市的办法管理它们。有的草市被官方上升为镇县。

与此同时，宋代的农村集市也进一步发展。乡村集市贸易的普遍化和经常化是这种发展的主要表现。尽管宋代乡村对集市的称呼不同，含义却是一样。江南与四川一些地方称痎市或亥市，北方称场或集，岭南则呼为墟。无论集或墟，大多是三五日一回或间日一次。乡村集市的普遍，还可从海南岛的定期墟市中看出。

总的看来，宋代兴旺起来的草市不仅发挥了它本身所具有的商业职能，有时，它也有一定的政治、军事职能。

嵇琴出现

宋代乐器和器乐较前代有重要发展。乐器品种除新出现有各种笛、箫、管外，在弦乐器中以擦弦乐器，如马尾胡琴，嵇琴和篥等的应用最为重要，对后世的影响也最为深远。

嵇琴，又称嵇琴、奚琴。唐代《教坊记》曲名中已有《嵇琴子》，说明当时可能已有嵇琴。北宋欧阳修的《试院闻奚琴作》的诗句中对其由来有明确的提示："奚琴本出奚人乐，奚虏弹元双泪落。"北宋陈旸《乐书》说，奚琴本胡乐，是奚邹（唐时在今内蒙赤峰南部一带）所喜好的乐器，"（盖）其制两弦间以竹片轧之，至今民间用焉。"从其叙述口气及该插在隋唐乐器

中间看来，也应是唐代已有的乐器。

稽琴不但在宋代流传，在宫廷中也常使用。《梦溪笔谈》补卷中记载了这么一个故事：神宗熙宁年间宫中宴会，教坊伶人徐衍演奏稽琴，恰巧断了一根弦，"衍更不易琴，只用一弦终其曲，自此始为'弦稽琴格'"。

这一方面表明徐衍技艺的高超；同时也说明当时稽琴已是一种具有相当水平的独奏乐器，故而能在宫廷演奏中占有一席之地。

作为最早的擦弦乐器，稽琴无疑是后世弓弦胡琴类乐器的祖先，伴随着宋代市民音乐的繁荣，稽琴在宋代正孕育着强大的生命力，为后世的说唱戏曲伴奏和器乐音乐开辟了广阔的天地。

姜白石谱曲

姜白石（1155~1221？），名夔，字尧章，号白石道人，饶州鄱阳（今江西波阳）人，南宋词人，作曲家，同时又是诗人，多才多艺。少年时随父宦居汉阳，中年寄居湖州（今浙江吴兴），并不断来往于杭州、苏州、扬州、金陵、合肥等地，终生布衣，过着飘泊的清客生涯，结交的文人和名流有萧德藻、杨万里、范成大、辛弃疾、张鉴等人。曾向朝廷献《大乐议》、《琴瑟考古图》、《圣宋饶歌鼓吹曲》，著有《白石道人诗集》、《白石道人歌曲》等。

《宋大傩图》，表现一种击鼓蹈，带面具的人们在除夕发出噪音，以达到驱鬼除瘟的效果。

姜白石的《白石道人歌曲》是宋代词乐硕果仅存的作品，他的词作大多抒发感慨人生的落寞情怀，对自然景物的深挚眷恋，含蓄委婉，清空幽邃。虽然姜白石的题材和意境大多比较狭窄，但在青年时期也写过《抚州慢》那样的忧国伤时的佳作，晚年又写过《永遇乐》那样的昂扬激动的名篇，与辛弃疾唱和。

姜白石精通声律，善吹箫，在诗作《过垂虹》中有"自琢新词韵最娇，小红低唱我吹箫"之句，是不可多得的作曲家，文学史上往往认为他和张炎同是"格律派"的代表人物，是很有道理的。但"格律派"只是标明主要特征，而并非意味着贬义，至少从词与音乐结合的角度看是如此。姜白石在词乐方面作出了重要贡献，值得重视、研究和借鉴。

姜白石的词作今存80余篇，可惜采用传统词调的作品无乐谱传世。收入《白石道人歌曲》（共6卷）中的词作，有17首附有旁谱，都不是采用传统词调写的。其中14首是自度曲，即自创词曲，另外3首中的《醉吟商小品》是依据琵琶传统"品弦法"译谱，《霓裳中序第一》是依据乐工旧谱，《玉梅令》由范成之谱曲。《白石道人歌曲》中还有一首附有七弦琴谱的琴歌《古怨》。以上17首词乐和一首琴歌，是我国最早有乐谱传世的歌曲作品，极为珍贵。

宋金银器工艺衰落

宋代金银器制作业总的趋势是走向衰落，这一方面是因为唐代金银器工艺极为先进，宋人已难以超越；另一方面是因为至宋后金属大多用于铸币，日用品也多为瓷器所取代，因而金银器制作地位已不很重要。

尽管如此，这种衰落的趋势并不是迅速的，在某些方面，宋代金银工匠仍显示了自己的高超技术和独特创造，加之金银器物较前更为广泛地使用，则又使金银器制作具有精品化的倾向。

据《东京梦华录》记述，宋时的皇亲国戚、王公大臣、富商巨贾，都享用着大量的金银器，甚至连酒楼妓馆的饮具也用银制，可见用银量是相当大的。江苏溧阳小平桥出土的瑞果图鎏金银盘、乳钉狮纹鎏金银盏等都极为别致。尤其是乳钉狮纹鎏金银盏，外壁饰以乳钉，类似青铜彝器，古色古香，是宋

代仿古思潮在银器制作上的反映。

南京幕府山北宋墓出土了鸡心形金饰、龙凤金簪、团龙金簪、金丝栉背、银粉盒、鎏金银盒及银刀等一批金银器，其中最精致的是以镂空、錾刻、掐丝等手法制成的鸡心形金饰，纹饰为一对凤凰翱翔于牡丹丛中，做工考究，寓意吉祥。

这些金银器显示了宋代金细工艺的高超技术，同时也反映了富庶人家日常所用金银器的品种。

衢州南宋史绳祖墓出土的金簪、银丝盒、八卦纹银杯、八角形银杯、银碗、银梅瓶等，已完全摆脱了唐代风格的影响，成为宋代金银器的典型代表。如八角形银杯、八封纹银杯、银梅瓶、银丝盒，都是崭新的造型。其中银丝盒分内外两层，内层为薄银片，外层以银丝编成网纹，盒盖中央编出六瓣花形，编缀后焊于内层的的银片上，这种造型新颖独特，确属前所未见。

四川德阳孝泉镇窖藏银器有梅瓶、迤形器、执壶、尊、茶托、茶杯、镂空盒等，器形工整，与当时瓷器、漆器的风格颇为一致。如笠形杯、菊瓣纹杯、如意云纹梅瓶、迤形器、执壶等，器体比例均衡，秀丽潇洒，无矫揉造作之弊，给人以恬静舒畅的美感，器物的高足废除了僵直的斜线形式，均作成曲线，与器身、花口上的弧形相和谐。图案组织仍于中心饰团花，外圈缠枝呈四曲或八曲，花叶处理干净利落，佳新悦目。镂空银盒的发现，迄今还是一件孤例，它与浙江衢州史绳祖墓出土的银丝盒相似，同是宋代银器中的独创精品。

宋徽宗主持作画谱

北宋宣和二年（1120），在宋徽宗赵佶的授意和主持下，一批精于画史和鉴赏的儒生们集体编撰了一部反映宫廷所藏绘画作品的著录著作——《宣和画谱》。

《宣和画谱》20卷。共收录魏晋至北宋画家231人，作品6396幅。并按画科分为道释、人物、宫室、番族、龙鱼、山水、鸟兽、花木、墨竹、蔬果10门。每门画科前都有短小精悍的叙论，叙述该画科的渊流、发展及代表人物等，然后按时代先后顺序排列画家小传及其作品。

一组辽代的鎏金马具饰件

该书注重绘画的政治功用。书首有宋徽宗亲自撰写的《御制序》，强调"画之作也，善足以观时，恶足以戒其后"的社会教育作用。同时也强调绘画要有艺术感染力。

《宣和画谱》虽然是属于著录性质的画史专著，但从每个画科的叙述及画家传记评论来看，已远远超出了著录范围，更具有绘画史论的性质。因此，此书不但是宋代宫廷藏画的记录，而且还是一部传记体的绘画通史，对于研究北宋及其以前的绘画发展和作品流传，具有重要的史料价值。

辽代的鎏金银冠

《听琴图》轴、《文会图》轴作成

《听琴图》轴和《文会图》轴是北宋传世最为精工的人物画，相传为宋徽宗赵佶作，但二图上只有徽宗的题字，并未署为自画，所以绘画史家认为是别人代笔，将它们看作是当时画院创作的人物画的代表作。

《听琴图》轴一人抚琴、两人坐听，把抚琴者的神态专注和听琴者的神态入神很好地表现出来。全图布置简洁，配景只是一棵欹斜的老松和疏朗的丛竹，其余一片空旷，使欣赏绘画的人能意会到松风琴韵应和回荡的境界。画中的人物、器用、树石用笔都非常工细，傅色也匀净，艳而不俗。《文会图》画许多文人饮宴的场面，人物、竹树的画法和《听琴图》非常相似，只是人物多、场面大而已。

这两幅画的传说作者赵佶，生于1082年，卒于1135年，是神宗皇帝的第十一子，他于1101年即位。尽管他在政治上昏庸无能，却是个技艺精绝的书画家。他擅长于山水、人物，在花鸟方面尤为突出，极注意禽鸟与自然环境的密切关系，还用生漆点睛，使之"高出纸素，几欲活动"。他的画风可

日暮西山

《听琴图》，传说赵佶画。
画中弹琴者是赵佶本人，
右边穿红袍者为权臣童
贵。

分为二类：一是细笔，造型严谨，笔法工整精细，色彩绚丽典雅，传有《祥龙石图》、《瑞鹤图》、《蜡梅山禽图》。二是粗笔，用笔简阔无勾勒，造型古拙有意趣，多用水墨，略施淡彩，格调素雅，传有《柳鸦芦雁图》、《池塘晚秋图》。

赵佶在中国绘画史上占有重要的地位，他发展画院、兴办画学而且亲自进行绘画实践。他还凭借至高无上的皇权地位，以个人好恶把北宋绘画，尤其是花鸟画的发展推向了唯求形似、精于体物的极致，对中国绘画的发展产生了广泛的影响。

郭若虚续历代名画记

北宋时期，绘画艺术高度发展，绘画论著大量出现。其中包括绘画评论、文人笔记、书画著录、画史专著等等，郭若虚的《图画见闻志》就是其中的代表作。

郭若虚，太原人，生活在北宋后期，为宋真宗郭皇后三侄孙，曾以贺正旦副使之职出使辽。其祖父及父亲均酷爱书画，富收藏，后因故散失。郭若虚努力收集10余卷名画真迹，同时又博览群书，积累了丰富的绘画史料。晚年因感唐人张彦远《历代名画记》以后缺乏完备的绘画史著作，乃"参诸传记，参校得失"，著成《图画见闻志》。

《图画见闻志》记载了唐会昌元年（841）至北宋熙宁七年（1074）之间的

《芙蓉锦鸡图》，赵佶画。

绘画发展史。全书6卷。卷1包括《叙诸家文字》、《叙百古规鉴》、《论三家三水》、《论古今优劣》等16篇论述，集中反映了作者的绘画思想与艺

101

缂丝赵佶花鸟方册。采用赵佶的画稿，缂丝一枝碧桃花及麻雀、蝴蝶。葫芦形"御书"印文为"天下一人"。

《楷杷山鸟图》，赵佶画。

《雪江归棹图》，赵佶画。

102

术见解。卷2至卷4主要是唐末至北宋中期284位画家小传，记叙了画家的生平、师承、特点、艺术思想及绘画成就。卷5《故事拾遗》采自前人著作中有关唐至五代画家的故事传说。卷6《近事》是作者本人对当时画坛耳闻的事件记录。

书中很多论述都具独到之处。如在评论当时与前朝各自不同的艺术成就时指出："若论佛道、人物、仕女、牛马则近不及古，若论山水、林石、花竹、禽鱼，则古不及近。"书中也总结了北齐至北宋诸位名家画风，如比较曹仲达和吴道子的风格，区别李成、关同、范宽的异同，分析徐熙和黄筌的差异等等。《图画见闻志》融进了作者精深的学问、独特的美学思想和审美意识，是张彦远《历代名画记》记传体与史论相结合的画史评论的继承和发展。其中反映了唐末至北宋中期绘画的发展面貌，在中国绘画史学发展中占有重要的历史地位。

钧窑彩釉技术突出

坐落于河南禹县的钧窑为宋代五大名窑之一。"钧窑"之名源于祭祀禹王的钧台，始烧于唐，北宋徽宋建中靖国至政和年间（1101~1118）最为昌盛。钧窑属北方青瓷范畴，它首先在釉中引进了铜金属，使釉色多彩多姿，从而形成了宋代众多瓷窑中独树一帜的窑系。

钧窑造花式盆

钧窑青瓷釉色的丰富，首先表现为一种钧红釉。这种钧红釉，是由于青釉不纯，内含有氧化铜，经高温还原，产生窑变而形成的。它以氧化铁和微量氧化铜作呈色剂，在烧制过程中釉色极富变化，青中泛红，红中泛紫，瑰丽异常，"夕阳紫翠忽成岚"，或玫瑰紫，或海棠红，美不胜收。钧窑窑变本来是偶然错误所致，但人们觉得有意想不到的艺术效果，就刻意追求，将错就错，以错为美，由此成为钧窑的一大特色。

铜红釉，是钧窑彩釉的另一重要类型。它主要以氧化铜着色，在还原焰中烧成。由于铜着色能力较强，铜红玻璃熔体在高温下常以多种形式存在，所以窑中温度、气氛的任何变化都可能引起平衡的移动，而呈现出不同的色彩来。青蓝釉上涂了一层铜红釉则出现了奇妙的紫斑，凡此种种，所产生的艺术效果极其耐人寻味。铜红釉属颜色釉，在青釉占重要地位的我国传统高温色釉中可谓一枝独秀。

钧窑彩釉还有天蓝釉和月白釉两种。天蓝釉因与蔚蓝色天空相近似而得名，月白釉是一种淡雅釉色。这两种釉均以氧化铁作呈色剂。钧窑瓷釉的又一特征是蚯蚓泥纹，釉面很象蚯蚓在灰尘中走过留下的痕迹，其成因是釉层在干燥时或烧成初期发生分裂，在高温阶段又被粘度较低部分流入空隙补填裂罅所形成。

钧窑釉色多不透明，为乳浊釉，这正是钧窑与基他瓷窑不同的独特之处。

钧窑窑系在宋代六大窑系中形成最晚，但延续时间则较长。它以河南禹县为中心，影响遍及豫西、豫北，河南南部、山西北部、内蒙南部一些瓷窑亦均受其影响，烧钧窑瓷器。仿钧窑瓷器在元代有出现，从而扩大了钧窑体系。钧窑在彩釉上的新创造，为我国陶瓷美学开辟了崭新的境界。

明教大规模发展

明教原名摩尼教，是 3 世纪在古波斯兴起的宗教，创始人为摩尼，故得其名。因其宗旨是"清静、光明、大力、智慧"，崇拜光明，反对黑暗，宋代时被称为明教。

摩尼教是在琐罗亚斯德教的理论基础上，吸收了基督教、诺斯替教、佛教等教义思想而形成自己的信仰。它的主要教义是"二宗三际论"，并形成一套独特的戒律及寺院制度。据该教的经典记述，二宗指光明和黑暗，亦即善和恶；三际是初际、中际和后际，即过去、现在和未来。明暗是指世界的两个本原，三际是说世界在发展过程中的三个阶段。光明和黑暗是两个对立的王国，初际时，光明王国在上，黑暗王国在下，彼此不贯通。光明王国充

满爱、信、忠实、温顺、智慧等一切美好的事物。管理该王国的最高神称为"光明之父"或"伟大之父"，集神位、光明、威力和智慧四种德性于一身，是"三界独尊"、"三界诸牢固狱解脱明门"。而黑暗王国到处充斥着黑暗、暴力、愚痴、淫欲等。统治者称大魔或怨贪魔王。初际之末，黑暗王国入侵光明王国，于是展开了一系列战争，战争的结果是先产生了日月群星大地山岳江海，继而产生人类始祖亚当和夏娃，其肉体是黑暗分子构成，而灵魂则由光明分子构成。从此光明分子被禁锢在人的肉身里。"光明之父"为了拯救世界和人类的灵魂，派摩尼到世间"转大法轮，说经律定慧等法"，以超度众生。摩尼对教徒作了一些清规戒律，包括戒酒、戒谎言、戒暗中做坏事、戒淫欲以及不拜偶像、不杀生、不偷盗等"三封"、十诫"。每天还要进行4次或7次祈祷，实行斋戒和忏悔。

摩尼教自3世纪到17世纪，从波斯本土西传至叙利亚、小亚西亚、北非、罗马等地，东越葱岭、逾阿姆河，经中亚传入中国，约6~7世纪传入新疆，由新疆传入回纥，回纥可汗尊为国教。唐时因回纥助平安史之乱有功，摩尼教有所传播，武宗禁佛，摩尼教也遭禁止。五代以后，中国摩尼教常被作为组织农民起义的工具，其教义愈益与佛教、道教相融合。后梁陈州人母乙、董乙以该教组织民众，其徒不茹荤饮酒，夜聚昼散，多到千人，攻打乡社，地方官吏奈何不得。后唐、后晋时，利用明教发动起义之事也常有发生。

到宋代，明教有相当实力，已成为诸民间宗教之首，并与农民运动结合十分紧密。其时宋徽宗向江浙一带征发"花石纲"，民不堪其苦，方腊为当地明教首领，聚众于宣和二年起事，自号圣公，掠城杀官，十日内发展为数万人，占领睦、歙等六州五十二县，拥有百万人众。次年被童贯率领的官兵镇压，方腊兵败被杀。然而明教并未消声匿迹，明教有互助互济、教民来往免费招待的教义，对于贫困农民有很大吸引力，并且能融合民俗，所以民间信仰者愈来愈多。因它往往被利用来威胁帝王统治，宋代统治者贬称其为"吃菜事魔"的"魔教"，法禁甚严，但实在是愈禁而愈烈。南宋时，两浙淮南、江东和江西尤其是福建等地明教十分流行，甚至秀才、吏人、军兵、名族士大夫，也相传习，这表明明教由民间而深入到上层社会中了，其势力之大，影响之深入由此可窥见一斑。南宋还发生了五次被称为"魔贼之乱"的明教起义，可知明教流传极为广泛，规模是非常之巨大的。

宋代重商思想抬头

秦汉以来，抑商思想一直占统治地位。儒家学说中惯常把民分为士、农、工、商四种，"商"被排在最后，有人便认为商人纯然以利为目的，贬称他们是"逐末人"。可见商人的社会地位很低，商业不仅得不到统治者鼓励，反而受种种政策法令的抑制。

随着生产力的发展，经济愈趋繁荣，宋代商人的经济实力大大增强，商业发展十分迅速。国家通过禁榷和商税的收入在财政总收入中占有举足轻重的高比例，在此情况下，长期以来形成的抑商思想受到冲击，并开始动摇，出现了反抑商的思想倾向。

这种倾向首先表现在儒家学者们对禁榷制度及其理论基础和轻重理论的批判上。禁榷制度是汉武帝时开始全面推行的，它是由官府独自经营生产、运输、销售的全过程以获取巨额利润的经济制度。禁榷制度在推行过程中暴露了许多弊病，严重影响了商业和整个社会经济的发展。不少儒家学者亲自感受到这种弊害，并且发现禁榷制度的基础轻重理论违背了原始儒学的思想，于是进行了一系列批评。如太宗时田况说："管榷货财，纲利太密。"仁宗时张奎认为："盐法起于霸政，非王者可行。"著名思想家李觏在其《富国策》中提出："一切通商，官勿买卖"，主张解除盐茶禁榷。王安石未做宰相时也批评禁榷制，其他如苏轼、司马光、陈襄、周行己、朱熹、陆九渊等儒家学者均从不同角度对禁榷制度及轻重理论提出了批评。就连皇帝自己也觉得禁榷制度是与民争利而心虚理亏，如仁宗、高宗、孝宗等均曾

南宋善财童子像。善财童子居观音菩萨左侧，与右侧龙女相对，这种作法为中国特有。

许诺一旦财政好转，就取消禁榷制度。

但是在当时的历史条件下，宋朝廷财政收入极大地依赖于禁榷收入，取消禁榷制只是不切实际的幻想。有些士大夫如其重要代表欧阳修，便提出一种官商分利理论，试图对禁榷制度本身进行改良和完善。欧阳修认为，以往国家企图获得全部由禁榷而产生的垄断利润是不可取的，这只会导致社会经济秩序混乱、禁榷收入大量流失。国家必须与商贾合作，充分发挥商贾的积极性，把垄断利润的一部分让给商人，把某些不适合官僚机器直接经营的环节交给商人经营，这样既可搞活经营以适应多变的社会环境，又能使禁榷机构、人员得到精简，禁榷实际收入也将成倍增加。官商分利的理论在事实上为宋统治者采纳，并在推行禁榷制度中得到实施。宋朝在制定新的盐、酒、茶立法时，往往召集商人讨论，注意照顾商人利益，就是贯彻了"官商分利"的原则。

随着商业的发展，作为国家财政支柱的禁榷收入愈来愈依赖于与商人的合作。作为一个有较大贡献的社会阶层，官方对他们的态度有所改变。朝廷颁布了一系列的法令以保护商人合法经营与获利，并允许商人子弟品行才能出众者参加科举考试，这是前所未有的。

社会舆论也常常趋向于反对侵损商人合法利益。在这种背景下，有些思想家明确地提出了反抑商的思想主张。如著名改革家范仲淹认为，商人们整天在为勾通有无而奔忙，"上以利吾国，下以藩吾身"，于国于民均有利；儒学中视商为四民之一，并没有说他们是"逐末人"。作商人并不可耻，并不低人一等。北宋末、南宋初的文人郑至道认为士、农、工、商"皆百姓之本业"。南宋思想家叶适也明确提出："四民交致其用而后治化兴，抑末厚本，非正论也。"认为四业相辅相成，反对片面地以抑一业来重另一业的消极方式。

宋代经济思想史上这种重商思想的产生，是生产力发展的必然结果，同时又对生产力的发展及社会的全面进步起着很大的推动作用。

《青琐高议》成

　　《青琐高议》是一部宋代志怪、传奇小说总集，北宋刘斧编撰。现存前集10卷，后集10卷，别集7卷，共计作品146篇。其中署作者名的仅有13篇，其余多为前人著作，或为刘斧改写而成。

　　集中作品大致按题材分类编排，内容庞杂，涉及社会生活的诸多方面。其中以传奇类作品的影响最大，成就较高，且以描写男女情爱、婚姻之事居多，有以现实生活中的人物为对象的，也有写鬼狐神女与人相爱的。这是收入宋人传奇较多的集子，也是阅读和研究宋人传奇的重要书籍。

　　通行有武进董氏诵芬室刻本。

1121~1130A.D.

宋辽金夏

1121A.D. 宋宣和三年　辽保大元年　金天辅五年　夏元德三年

宋江屡败官军。至是败于海州，乃降。四月方腊败，被俘，嗣解至东京，被杀。宋帝仍诏复花石纲。

1122A.D. 宋宣和四年　辽保大二年　金天辅六年　夏元德四年

正月，金陷辽中京，辽帝奔西京。

四月，金陷辽西京，西路州县部族多降金。

六月，辽天锡帝死，妻萧氏为皇太后称制，改元德兴。

十二月，金帝自将陷燕京，辽太后萧氏北走。

1123A.D. 宋宣和五年　辽保大三年　金天辅七年　金太宗完颜晟天会元年　夏元德五年

辽帝为金兵所逼奔云内，五月，入夏境，封夏国主为皇帝。

金太祖死，弟吴乞买嗣，是为金太宗。

1125A.D. 宋宣和七年　辽保大五年　金天会三年　夏元德七年　西辽德耶律大石延庆二年

正月，辽天祚帝奔党项，二月，为金所俘，封为海滨王。辽亡。

十二月，金大举两路侵宋。

宋徽宗称教主道君太上皇帝，禅位太子恒，是为钦宗。

1126A.D. 宋钦宗赵恒靖康元年　金天会四年　夏元德八年　西辽延庆三年

正月，金东路兵渡河攻东京，宋太上皇帝东走；宋帝亦欲出走，李纲谏止之。

宋遣使议和，金索犒师金银，割太原、中山、河间三镇，以亲王、宰相为质；自是渐贬诛蔡京、王黼、朱勔、童贯等。

宋除元祐党禁，废崇宁以来措施。

金以宋图结辽降臣及西辽，又不履割三镇之约，复备兵分两路攻宋。

十月，金兵南下，东路陷真定府，西路陷汾州、平阳府、泽州。

闰十一月，宋命康王构为兵马大元帅，俾统援兵。

金兵破东京，即退，许议和。宋帝至青城金营，十二月回宫。

1114A.D.

〔第一次十字军〕以威尼斯人协助占领泰尔（旧译推罗）。

自本世纪初起日耳曼人侵占斯拉夫人之土地，至是接近完成。日耳曼人自此大量东迁。

为争夺诺曼底主权，英法战争再起。

周邦彦开婉约词新途径

1121 年，宋词人周邦彦去世。

周邦彦（1057~1121），字美成，号清真居士，浙江钱塘（今浙江杭州）人。他是北宋末期重要词人，在艺术技巧方面集前代婉约词之大成。少年时落魄不羁，后在汴京作太学生时，献《汴都赋》描述当时汴京盛况，歌颂新法，受到神宗赏识而得官，但亦影响了他日后的仕进。此后十余年间，他漂流在外，任地方官职。哲宗即位后，他回到汴京，做过国子监主簿、校书郎等官。徽宗时他被提举大晟府（管理音乐的机构），负责为朝廷制词谱曲。当时同在大晟府供职的还有一批词人，这就是在北宋末期与江西诗派同时出现而另具影响的一个流派——大晟词人，周邦彦就是其中的代表人物。

周邦彦早年的生活经历与柳永有相似之处，故在词作上亦受其影响，作品内容主要是写男女之情和离愁别绪。由于题材的狭窄，思想价值和社会意义的贫乏，周邦彦只能着手在艺术技巧方面另辟蹊径。他生逢北宋盛世，面对旧有善于抒情的《花间》小令，新有擅长绘景的柳、张慢词，如何能兼得二者之所长而发挥自己的无限才情呢？他认为唯有在情景之外渗入故事成语，使无生者变为有生，有生者另有新境。此法后人周济称之为"勾勒"，即述事，以事为勾，勒住前情后果，则新境界自然出现；于此境界再加以勾勒，则媚妩毕露，毫发可见。周词中运用"勾勒"手法最出色的作品有〔少年游〕"并刀如水"。这首词仅用了 51 个字，便写了场景、对话，写活了人物，使当时境界重现，气氛重现；读者不但如见其人，而且如闻其声，如临其境。在传统的写景抒情的同时述事，以这种勾勒写生的技巧，使情、景、事三者重新结合成另一境界，给人以新的感受。周邦彦还进一步发展了柳永慢词铺叙展衍的手法，讲究布局谋篇，注重开合顿挫，曲折变化。在艺术语言的运用方面，周邦彦工于词藻，喜欢运用古词赋家的手法来炼字琢句，如"稚柳苏晴，故溪歇雨"，"梅风地溽，虹雨苔滋"。他的不少写景名句妙用动词，对仗工整，如"烟中列岫青无数，雁背夕阳红欲暮"，"风老莺雏，雨肥梅子，

午阴嘉树青圆"。周邦彦还善于把古人诗句融入自己的词作中，引用典故巧妙自然。在"金陵怀古"中有"山围故国绕清江"、"怒涛寂寞打孤城"，"想依稀，已谢邻里。燕子不知何世，向寻常巷陌人家，相对如说兴亡，斜阳里"，主要是隐括唐人刘禹锡的《金陵五题》诗而成。此外，周邦彦"妙解音律"，在发展词乐、创制新调方面颇有贡献，如［拜星月慢］、［荔枝香近］、［玲珑四犯］等调皆为他所创制。

周邦彦的《清真词》在当时流传甚广，以至歌女们以能唱周词而自增身价，这与柳永词当初受欢迎相似。不同于柳词的是，周词少了些浪子气和市井气，而多了些御用文人的帮闲气，语言亦失之过分雕琢。但总的来说，周邦彦的词在艺术表现技巧上代表了婉约派词走向典丽工巧的趋势，其章法的多变，语言的典雅，音律的严格对南宋词产生了很大影响。姜夔、史达祖、吴文英等承其所长，形成了格律词派。

赵明诚编《金石录》

北宋赵明诚编撰的《金石录》是标志金石学创立的一部重要著作。

赵明诚（1081~1129），字德文，密州诸城（今山东）人，历任莱州、淄州、建康、湖州知府，后因病去世，年仅48岁。就卒年来看，他晚于欧阳修43年，早于郑樵47年。由此也可以看出宋代金石学发展的情况。

《金石录》共30卷，前10卷是赵明诚收藏的2000件金石铭刻的目录，后20卷是他为部分藏品撰写的跋尾，共502首，只占全部收藏的四分之一。赵明诚在《金石录·叙》中说，他从小喜爱收集观赏金石刻文，从而增长了很多知识。后来得到欧阳修的《集古录》，一读再读，十分喜爱，认为它对于史学贡献很大。可惜其中有些遗漏，编目上又未注意年代时序，因此想再著一本专书以补充《集古录》的不足。他用了20年时间收集整理，作撰述上的准备。在《叙》中他还从理论上阐述了金石刻词在历史文献上的价值及其在考古史中的作用，与欧阳修的《集古录·序》比较，具有更加明确的史学理论性质。这是宋代金石学向前发展的标志。

《金石录》的内容上起夏商周，下至五代，书后有赵明诚夫人李清照于

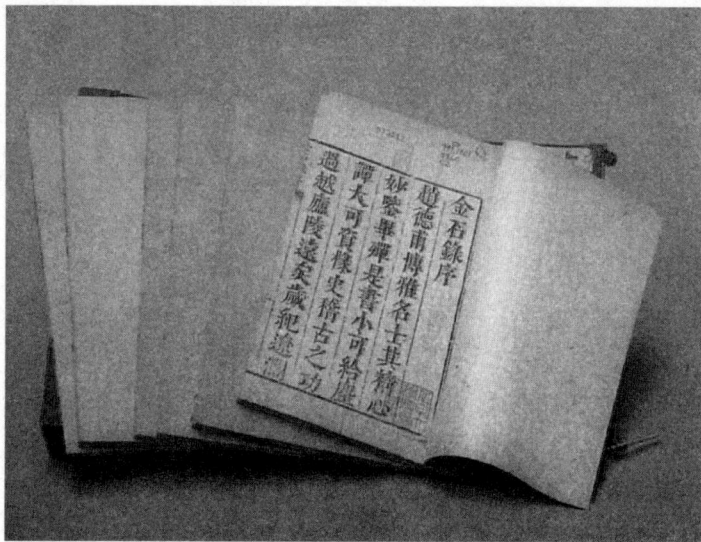

《金石录》

绍兴二年（1132）所撰写的跋文，文辞婉转，寓意深沉。书中所撰写的跋尾之文，体例大多仿照《集古录》，也常常引用欧阳修的论断，而又往往提出一些不同见解，或对欧阳修的说法给予补充。例如卷二三《唐温彦博碑》跋尾中引用了《集古录》中关于温彦博兄弟名与字的置疑后再引《颜氏家训》，指出当时江南讳名不讳字，尤其河北人名也可呼为字，这是当时的风俗，因此温氏三兄弟的名字不一定有误。再如卷二八《唐杜济墓志》跋尾言："但云颜真卿撰而不云书"，欧阳修认为是颜真卿撰写的，但不一定是他亲笔书写，赵明诚则认为碑文字划奇伟，决非他人可书。这些都说明了《集古录》对《金石录》的影响，也说明《金石录》对《集古录》的发展，总的看来，《金石录》在订正、补充史传谬阙方面超过了《集古录》。

《金石录》与欧阳修的《集古录》同是宋代金石学创立的标志，为历史文献学填补了一项空白。

蔡京杂糅诸家

蔡京（1047~1126），字元长，兴化仙游（今属福建省）人。熙宁进士，官至尚书左丞右仆射，一生中三次入相四次当国，可谓仕途坦荡，官运亨通，然人品极低，窃弄权柄，恣为奸利，为"六贼之首"。曾亲笔写《元祐党籍碑》，诬陷忠良，为世人痛恨和不耻。

尽管如此，他在书法方面却颇有建树，长期研习，形成了自己独特的艺术风格。

蔡京的书法，字势豪健，严而不拘，尤长榜书大字，当朝题榜，蔡京所书甚多。蔡絛《铁围山丛谈》中说蔡京"始受笔法于君谟，既学徐季汤，末几弃去，学沈传师。及元祐末，见厌传师而从欧阳率更，由是学势豪健，痛快沉着，殆观圣间，天下号能书，无出其左右者。其后又厌率更，及深法二王，晚年叹右军难及，而谓中令去其他远矣。遂自成一法，为海内所宗焉"。

蔡京的书法已能排除苏米的影响。《宣和书谱》称"其字严而不拘，逸而不外规矩"。又长于大字，如《大观圣作已碑》六字行楷题款，意气赫奕，在宋人书中极属难得。

张丑诸人认为宋四家苏、黄、米、蔡中的蔡本来为蔡京，后因恶其人而换为蔡襄。但从书法成就来看，无论当时或后世，推崇蔡京的不及蔡襄。有人认为，蔡京品恶，姑且撇在一边，以书法而论，出入"二王"，有严谨宽博、豪纵之气，但比蔡襄显然逊色甚多。

宋相扑流行

两宋时期，相扑盛行一时，从宫廷到民间，无处不有，深受欢迎。

相扑，是一种中国古代体育活动，也作角抵、觳抵，是一种角力比赛。起源于战国，秦汉时作为一种技艺表演。从晋朝开始，多以"相扑"、"争交"

称之。角抵改称相扑之时，也正是它流行之时。

北宋都城汴梁，一般平民已经常去游乐场所"瓦市"表演相扑。每年 6 月 6 日，都城演艺者都要表演相扑以增添节日气氛，南宋时，相扑进一步流行于上流社会，在朝廷大朝会、圣节、御宴上，相扑都成了例行的表演节目。官方还为此专门组织了"内等子"，由左右军选出 120 名膂力过人的相扑手组成。民间相扑也高手辈出，据《武林旧事》记载，杭城就有 53 名优秀相扑手，到宋代，相扑者还组织了行业相扑社，相扑运动从此开始有组织规范化的发展。它的出现，标志着相扑已自成一类民间运动。

女子相扑也在社会风尚驱使下，于宋代得到一定的发展。

相扑服装，男子是头上梳髻不戴冠，上身完全赤裸，腰胯间束有短胯，下身光腿赤足，有时足下也穿鞋。女子装束同男子差不多，因此很为文人所看不惯，司马光还曾专门写文要求禁止妇女裸身戏耍。

宋流行观世音塑像

观世音菩萨以其大慈大悲救苦救难而受到中国信众的普遍供祀，特别是在北宋，其时帝王对佛教优礼甚厚，影响到民间，信仰观世音菩萨蔚为一时风尚，突出的标志是观世音塑像的大量流行。

开宝四年（971），宋太祖赵匡胤下诏在隆兴寺内兴建大悲阁，并铸大悲菩萨千手千眼观世音铜像。像成前后，宋皇曾三度临幸视察，足见皇室对佛教的崇信程度。由于帝王的提倡，朝野上下信仰大悲观世音渐成风俗，各地争相造观世音塑像，或塑或雕，不一而足。

山西大同送子观音雕像。民间认为观音菩萨主宰生育。

宋代菩萨立像（铜铸鎏金）

宋代菩萨骑麒像（彩塑）

在陕北、四川、浙江等地的宋代石窟造像遗迹中，或者单独开龛供养，或者雕作不同名称的观音化相，于佛像之外自成体系。当时有像辛澄这样以画观音像知名一方的画家名手，经他所传的"海州观音样"曾在四川广为流传。

现存的宋代观世音塑像遗迹甚多，都有各自的姿态和特色。如四川安岳华严洞左壁观音像，取跏趺坐姿，手作定印，头戴宝冠，外罩薄纱，双目微合，端庄娴雅，神态雕刻细腻生动。浙江杭州烟霞洞观音像头戴高冠，外着风帽，袈裟罩体，项饰七宝璎珞，双手交置腹前，表情慈祥恬静，形象间溶入了中国信众对观世音菩萨悲天悯人神性的理解和企盼。大足托山石窟125龛数珠手观音为北宋年间开龛雕造，形象娇媚柔丽，含笑欲语，有"媚态观音"美称。北山113龛水月观音，取萧散悠闲的姿态。这种水月体的观音像，首创于唐代画家周昉，五代北宋时期在石窟造像中首次出现水月之体，稍后又出现水月样式的紫竹观音，如雕造于南宋的四川安岳塔子山毗卢洞紫竹观音，背间刻出竹丛巉岩，极富雕饰意味，面容表情已出现世俗人特质，从而使水月观音样式更显出世俗化特征。大足北山149号窟如意轮观自在菩萨像，改变唐以来一体六臂的形式而作一面二臂，与另外两尊观音像同臂雕出，并在三像左右两侧分别刻出男女供养人像。据窟内题记可知，这窟观音像是北宋建炎二年（1128）奉直大夫知军州事任宗易夫妇发愿雕造，由此可知当时信奉观音之风的兴盛。另外，宋代还镌造有观音菩萨多体像，如大足妙高山第4窟正壁雕刻西方三圣像，左右两壁共有观音立像十躯，手中分持不同法器作对称排列，左壁观音着对襟式天衣，右臂观音穿圆领方口天衣，下着长裙，风姿绰约，宛如人间美女。据造像风格观之，当为南宋绍兴年间雕造，为观音像体系的最终定型作了图样上的有益尝试，也为其他菩萨像的创造和完善提供了可资参考的经验。

此外，北宋出现了过去所罕见的以观音为中尊，配以文殊、普贤两位菩萨三位一体的组合形式，这是入宋以来观音信仰在民间流行之后逐渐发展起来的新样式，如隆兴寺大悲阁内的观音塑壁展现的就是这种形式。还有元丰二年（1079）兴建的山西长子县崇庆寺三大士像，观音菩萨地位显尊，体现出宋代民间普遍信仰观世音菩萨的空前盛况。

宋代观音像的流行，以及当时观音供祀的风气，反映了由唐迄宋信仰风气的转变。

伏元俊父子在大足北山造石窟龛像

在随缘应化的菩萨家族之中，除观世音之外，另有文殊、普贤和地藏菩萨，他们传入中国，受人祀奉。他们的塑像很常见，石窟龛像是其中分布较广泛的样式，当时出现了不少雕镌菩萨石像的有名的匠人，现存作品较多而著名的是四川伏元俊父子。

北宋靖康元年（1126），伏元俊父子在四川大足北山开造了一批较大型的石窟龛像，现存弥勒经变窟（176窟）、泗州大圣窟（177窟）和孔雀明王窟。

弥勒经变窟的平面呈方

泗州大圣像

形，高2.72米，深2.40米，主尊弥勒佛通高1.98米，梳螺髻，面带微笑，身穿博敞袈裟，左手托膝，右手于脐间作定印，取跌坐莲台的姿势。弥勒像后以六挈具椅靠作雕饰，袭用唐代王玄策出使印度摩伽国时模写归国的菩提树像作为主像图样，主像两侧浮雕二弟子及供养人众。窟内左右壁浮雕以骑狮文殊、乘象普贤为中心，兼刻各类经变人物的场景，分作上中下三层，极有层次感，显现出雕塑的立体美，构图经过精密设计，人物形象塑造得栩栩如生，富有动感，显出经变画的丰富性。

泗州大圣窟有3.32米，进深2.54米，平面呈长方形。全窟原有造像七身，现存六身是正壁上的主尊泗州僧伽和他的两名弟子木叉和慧俨，左右壁的梁

文珠菩萨像

孔雀明王像

时高僧宝志与唐代高僧万回，另有近门处残存的一小僧像，被认为是泗州大圣化相。这窟雕像的造型设计很有世俗生活色彩，富有写实性，如僧伽面相圆胖，头戴风帽，身着袈裟，袖手而坐，典型一位现实生活的慈眉善目老和尚；他身前置三足夹轼，两名弟子随侍两侧，一持锡杖，一捧澡罐。高僧宝志和万回服饰装束与僧伽相同。僧伽及宝志、万回等类高僧信仰由唐入宋，民间已将他们看作观世音菩萨来祀奉，其信仰在宋时极盛。泗州大圣窟造像比较完整地保存了泗州僧伽变相及高僧的图样仪范，对考察两宋之际民间高僧大德信仰的流行有珍贵的价值。

孔雀明王窟是伏元俊父子的作品中最富匠心的一窟，构思相当精巧。此窟呈长方形，高达 3.47 米，进深 6.07 米，主像大佛母孔雀明王，通高 3.16 米，雕造于窟中央。菩萨头戴高峨花冠，项饰缨珞，身披荷叶状披肩，脸容很是秀丽。身有四臂，左边两手一托经书，一握扇；右边两手一托如意珠，一持孔雀羽毛，取跌坐莲台的姿态。莲台下一双翅开展作欲飞状，举高 1.95 米的孔雀，尾羽屏开直达窟顶，形成菩萨身后祥光。孔雀作为佛母的象征，两者自然地融为一体，形象雕造巧夺天工。

宋石窟龛像的工艺和唐石窟佛像的雕造技术一脉相承，多依附崖壁开凿；但造型、设置和宋代信仰风气是相适应的，伏元俊父子的作品是其代表作，反映出当时造像风气之盛及民间艺人对先辈经验的继承和发展。

宋人好围棋

宋代棋艺有较高的成就。

宋初的统治者对围棋很感兴趣，许多书籍对此都有记载，如叶梦得《石林燕语》卷八记载："太宗当天下无事，留意艺文，而琴棋亦皆造极品。"

宋初宫廷中就设有"棋待诏"，欧阳修《归田录》卷二记太宗时有待诏贾元以棋供奉。而且当时的"棋待诏"的棋艺水平是很高的。南宋时期，翰林棋诗诏的制度，仍保持不变，棋司诏的棋艺都长期训练的结果，他们小时候就很善弈。

宋代好弈棋者并非仅是帝王、政治家，文人学士中酷爱研习围棋者也颇多。

范仲淹认为"一子贵千金,一路重千里,精思入于神,变化胡能拟。成败系之人。"并表示"吾当著棋史。"王安石闲居钟山时,常与薛处士下棋"赌梅诗"。像宗译、刘沐、文天祥、陆象山,特别是陆象山棋艺不凡,曾战胜临安第一棋手。

宋时涌现了不少著名的棋手,如刘仲甫、视不疑、王憨子、晋士明等。这一时期,女子奕棋现象亦非常普通。有记载的有宝庆《四明志》载武经郎林延龄之妻,《济东野语》中记天台严蕊,字幼芳,善琴弈,《柳塘词语》载宋瑶也是当时善奕的女子。

宋代围棋的发展,主要表现在对围棋经验的总结、整理和撰述上。刘仲甫的《棋决》,张拟的《棋经》,李逸民的《忘情清乐集》是这一时期的代表作。刘仲甫的《棋决》在总结前代名家经验的基础上,把围棋实战中各种着法,各种变化,概括为布置、侵凌、用战、取舍四个部分,详细阐述了布局的重要性、布局的原则,打入的方法,对杀的原则,以及取舍重要意义及方法。

张拟的《棋经》是宋仁宗皇祐年间问世的名著。该书仿孙子兵书之例。为论局、得算、权舆、合战、虚实、自知、审局、度情、斜正、洞微、名数、品格、杂说等 13 篇。总结古代围棋的经验,对弈棋中的诸多问题作了详细的论述。在许多方面体现了朴素的唯物主义观点。

李逸民的《忘忧清乐集》分上、中、下三卷。这部书因保存众多围棋谱和着法及棋势,是一部颇有指导意义的围棋佳作,对我国围棋的发展有相当贡献。

由此可见,围棋在宋代是一项自上到下普遍性的体育活动。

中国出版业全面发展

宋代,图书出版事业得到全面发展,进入了一个黄金时期。经济、文化的空前活跃和繁荣,图书生产手段日趋完善,使得图书的生产规模和生产数量取得惊人进展。各地都开始出现雕版刻书机构,并形成分布于中原、西南、东南的四大刻书中心,全国性刻书网络以官刻、坊刻和私刻为三大主干力量,开创了空前的繁荣景象。

宋代《武经七书》，是中国官方颁布的第一部军事教科书。

政府刻书业称官刻，建隆四年（963）颁行的《重门宋刑统》是宋代官刻第一部书，也是我国历史上第一部官方刊印颁行的法典，对宋代早年全国律令的统一、法制法规的建立有重要意义。后来，为顺应民间尊崇佛教的风气，政府又在四川成都开雕大藏经，即是佛教上著名的《开宝藏》，共计13万版片，1076部。是有史以来第一部刊印的汉文佛教总集。

宋朝政府在发展刻书业的同时也建立和完善各级刻书机构。中央主要刻书管理机构是国子监，同时又是国家教育管理机构和最高学府。国子监出书注重质量，刻书内容除翻刻五代监本十二经外，还编刻九经的新旧注疏。从宋代建国初到景德二年的40余年里，国子监雕版数量增长25倍，其中有大量史书，《三史》（《史证》、《汉书》、《后汉书》）、《三国志》、《五代史》等，司马光主编的《资治通鉴》也曾镂版印刷。国子监也刻印了许多医书，类书、算书、文选等也有校刻。中央刻书机构还有秘书监、崇文院、太史局、校正医书局等。各级地方政府也竞相刻书，并且常请知名学者担任校勘，故刻印质量都属上乘。地方官刻也是宋代官刻的主要组成部分，在宋代官刻中发挥过重要作用。尤其是宋朝南渡后，旧存开封国子监版全遭毁弃，在恢复和重建过程中，国子监调集地方书版或依靠地方力量搜集书籍版进行刻印。

书坊刻书称坊刻，书坊又称书肆、书林、书堂、书棚、书铺、经籍铺、书籍铺，是卖书兼刻书的店铺作坊。书坊规模增大，遍布全国，以开封、杭州、建阳麻沙等地最为集中和有名。这些书坊以刻印出售书籍为业，以营利为目的，

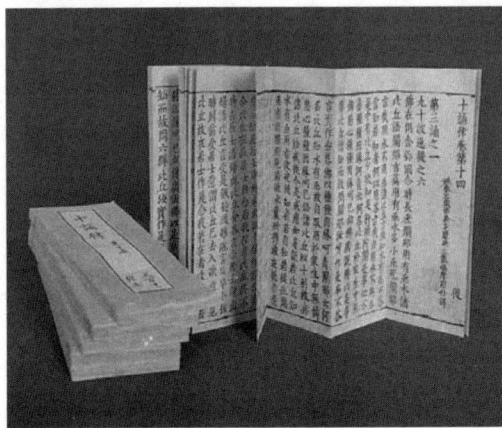

书籍装帧形式中的经摺装的出现，标志着中国书籍的书帧完成了从卷子装向册叶装的转变。图为经摺装的《安吉卅思溪法宝资福祥寺大藏经》。

经摺装宋刻本《一切经音义》

拥有写工、刻工、印工等，雕版、印刷、装订等生产手段齐备。有的坊主本人就是藏书家或编辑，能集编辑，出版、发行于一身，因此使坊刻书名目新，刻印快，行销广。坊主还常刻意翻新版刻形式，客观推动了版刻技术的发展。

两宋有很多著名书坊，尤以临安陈起父子睦亲坊和建安余氏刻书世家最有名。陈起有颇深的文学艺术造诣，曾为江浙文人编印诗集《江湖集》，还刻印了不少唐人诗集，他的刻印质量精美，是坊刻中的上品。建安余氏刻书百年不衰，官刻之书也不少由其承刻。鲁迅曾在《中国小记史略》中高度评价余氏刊本。坊刻书内容广、涵盖面大，迎合不同阶层的文化需要，比起官刻和私刻又有刻印快、发行量大、行销广等优势，促进了图书的广泛流传，也促进了文化的普及发展。但因为坊主追求营利，印书质量往往参差不齐。

私家刻书则称私刻或家刻，是指不以卖书为业，由私人出资校刻书。两宋时私刻很多，刻书人注重声誉，总是选择优秀版本作底本，且极注重校订、镂刻的质量，因此所刻之书大多是上品。如临安进士孟琪所刻《唐文粹》、京台岳氏所刻《新雕诗品》等都一直受到推崇，尤其南宋廖莹中刻印的《昌黎先生集》和《河东先生集》历来被誉为神品。

122

　　私刻也包括家塾本，是富贵之家的私塾教师依靠主人财力刊刻的书籍。私塾教师中不乏真才实学之人，他们或著述、或校勘、或注释、或阐发前人著作，质量较高，具有学术性强和校刻精湛的特点。著名的善本书"庆元三史"（黄善夫本《史记集解索引正义》、《汉书》和刘元起本《后汉书》）、岳氏本《九经》、《三传》等都是家塾本。

　　总的看来，发达的刻书事业体系和完善的刻印网络已在宋代形成。其刻印内容很广，反映了社会文化的各个方面；精湛的校刻为后世留下许多珍贵善本；强大的刻印力量促使许多大部头著作问世；并且拥有足可雄视前代的刻印数量。我国古代图书事业由此而跨入了全盛时期。

宋代火炮威力巨大

　　在火器初登战争舞台的宋代，火器虽有了很大的发展并在战争中起到了一定的作用，但另一方面，冷兵器依然是当时的主要武器，并得到进一步的发展。按其种类，冷兵器大致可分为长兵器、短兵器、抛射兵器等，作为抛射兵器种类之一的炮在宋代发展起来。

　　炮是利用杠杆原理抛掷石弹的重型远射武器，又叫抛石机或者码交。春秋时期已经开始使用，到隋唐时代成为攻守城战的重型武器。宋代的炮，具有了与前代不同的显著特点：不仅用来抛掷石弹，也用来抛掷各种火器。既用于攻守城战，也用于野战。

　　宋炮发达的表现之一就是种类众多。有行炮车、炮车、轩车炮、车行炮、单梢炮、双梢炮、五梢炮、七梢炮、旋风炮、旋风车炮、独脚旋风炮、旋风五炮、手炮、卧车炮、拄腹炮、虎蹲炮、合炮、火炮等20种。其中，有重型、中型、小型炮之分。重型炮抛射物重量达70~90斤，须用150~250人搜索，射程达50步以外；中型炮可发射数斤至25斤重的抛射物。需要40~100人拉索，射程达50~80步；最小型炮只需两人放射，抛射物仅重半斤。

　　与唐以前的炮不同，宋代的炮不仅抛射石弹，还用来抛射火器，称之为火炮。宋代的火炮和近代火炮除了一个是人力发射，一个是金属机械发射外，已没有多大差别。火炮能抛射火球类火器，如火球、火砖、火桶，依火器的不同性能而具有燃烧、放毒气、杀伤、障碍、烟幕等作用。火炮也能抛射爆炸性火器。有一种叫霹雳火球，是由火药、瓷片和竹子裹制而成，燃烧时发出霹雳响声。用炮发射，称为霹雳炮，杀伤力很大。靖康元年（1126），李纲曾下令用霹雳炮打击围攻京城开封的金军。

宋炮的构造一般是以大木为架，结合部位用金属件联结，有的为了机动，炮下设有四轮，炮架上横置有可以转动的炮轴，固定在轴上的长杆称为梢，它有杠杆的作用。在梢的一端系皮窝，另一端系炮索，皮窝里用来容纳抛射物的，炮索寡众不等，少则数条，多则上百条。

发炮时，一人瞄准定放，拽炮人同时迅猛拽拉炮索，将梢的另一端甩起，皮窝中的抛射物就会由于惯性作用而被抛出。炮上的梢有多有少，用一根木杆作梢的称为单梢，用多根木杆缚在一起作梢的称为多梢，梢数越多，抛射的石弹或火器便越重越远。宋时，炮的构造比前代复杂了许多，也先进了许多，这应是宋炮发达的另一表现。

王希孟及二赵画青绿山水

北宋末徽宗时，画色艳丽的青绿山水重新出现，且在画院中占有一席地位。北宋末年的王希孟和南宋的赵伯驹、赵伯骕兄弟是最有成就的青绿山水画家。

王希孟画史无载，据说他原是国子监画学中的生徒，后进入宫中文书库，是宋徽宗时宫廷画家，曾受到徽宗指授，十八岁画出传世名作《千里江山图》，不幸早逝，年仅二十余岁。《千里江山图》（故宫博物院藏），横1191.5厘米，纵51.5厘米，绢本，设色，是古代青绿山水中的鸿篇巨作。该图用重清绿画连绵不断的江山，点缀以村舍寺观、疏林丛竹，描写精细入微，而气势仍宏壮开阔。全画不露墨笔而用石青石绿等染出山石花木，颜色艳而不浮，整个画面色彩璀璨夺目而又沉厚协调。这种几乎全不见墨和而以颜色染出山水在此之前从未见过。该图构图合理，令人观之有身临其境之感，用笔工细而不拘板，成功地表现了江河树木等自然形象和广阔空间。

赵氏兄弟擅长画青绿重彩山水，兄赵伯驹，字千里，弟赵伯骕（1123~1182），

《千里江山图》，王希孟画。

字晞远，为宋朝宗室。赵氏兄弟的传世作品不多，《江山秋色图》传为赵伯驹所作，该图绢本、设色，横324厘米，纵55.6厘米，藏于故宫博物院。此图用青绿设色，用色淡而透明，不掩下面的皴笔，称"小青绿"。全卷山迥路转，江河迤逦，间以竹林、树木、楼观、屋宇、桥梁，是富丽精细的全卷山水。与《千里江山图相比》，此图没有开阔的江天而以险峭幽深、曲折可游取胜，用笔极精细，笔法更老练，工细明艳之余兼有秀润沉稳之态。

《千里江山图》和《江山秋色图》这两幅作品为青绿山水的代表作，不仅仅在宋代，甚至宋以后所见的画青绿山水极少达到这么高的艺术水准，这两幅作品堪称"丈青绿"、"小青绿"山水的精品。

李清照作《声声慢》

《声声慢》是李清照南渡之后的名篇，从词意看应写于其丧夫之后。

建炎二年（1128），李清照怀着国破家亡之痛载着文物书籍南逃与其夫赵明诚重聚。次年，赵明诚去世。这时金兵又大举南侵，朝廷已开始疏散、逃亡。李清照大部分文物又在战乱中散失。

接踵而至的国破家亡以及政治上的风险和个人生活的悲惨遭遇，使李清

125

照南宋时期的创作发生了极大变化。她更为关心国家的命运，关注战乱中人们流离迁徙的痛苦。她的许多诗文都是针对时事而作的，有强烈的现实性。

《声声慢》是李清照南渡之后表达自己孤独生活中浓郁哀愁的名篇。开头三句连用七组叠字，"寻寻觅觅，冷冷清清，凄凄惨惨戚戚"，渲染其难耐的空虚落寞、忧伤悲戚之情。14 个字由浅入深，渐次表现出自身的处境与心情，奠定了全词极为感伤的基调。接下来写天气的变化和内心感受，更进一步将心中的愁苦与凄凉呈现出来。"雁过也，正伤心，却是旧时相识"一句则寄寓她对故乡、对亡夫的怀念和悲伤。下片"满地黄花堆积"三句，虽为惋惜菊花，实则是自伤憔悴和心灰意冷情绪的流露。这情景使她倍感时光难捱，发出"独自怎生得黑"的哀叹。然后以"梧桐"、"细雨"、"黄昏"这些典型景物作衬托，将凄凉之情推至高潮。"这次第，怎一个愁字了得？"末句回应开头，不仅总结了她难以尽诉的凄苦哀愁，而且在疑问感叹的语气中流露出不满自己遭遇的激愤之情，含蓄而有分量。

在艺术上，李清照善于通过日常生活场面，细致入微地展示自己的内心世界。她运用白描手法写景，以景托情，烘托气氛，语言简洁平易，而又含蓄生动，富于表现力。在遣词造句上李清照也很有创造性。《声声慢》中的七组叠字，其独创性更是历来为人盛赞。《云韶集》有论："叠字体，后人效之者甚多，且有增至二十余叠者，才气虽佳，终著痕迹，视易安风格远矣。"李清照的词被称为"易安体"，从南宋起就不断被人学习模仿。

宋年画发展成熟

北宋时期，社会经济生活相对稳定。随着绘画艺术的不断提高和木版印刷术的广泛采用，一张年画在创造出来后往往可以复制数百幅，或雕版印刷数千份，然后在岁末上市出售，以供春节之用。因此，中国古代年画的艺术发展在宋代已日趋成熟。

北宋年画的形成与发展有着它深厚的群众基础。北宋建立后，在当时繁华的东京汴梁，民间艺术极其丰富多彩，如说书、小唱、杂剧、皮影、杖头傀儡、小儿相扑、散乐、诸宫调等等不可胜数。这些为广大人民喜闻乐见的

说唱和表演艺术，为当时的绘画提供了广泛的创作题材。最著名的当数张择端的《清明上河图》。

与此同时，当时的绘画艺术，也已由过去的贵族们赏心雅玩，或宫廷、寺庙的宗教及迷信宣传，进一步扩大到劳动人民中间去。比如：宋太祖赵匡胤一次在观赏蜀宫书画时，偶尔问手下人："这些书画都是作什么用处呢？"手下人回答是专为皇帝用的，太祖便说："单独让我一人看哪里有让大家都来欣赏更好呢？"于是朝廷就赐东华门外的茶肆酒馆张挂名人书画，以供行人欣赏，这样，在东京城的很多地方，如茶馆、酒馆、熟食店、药铺等处张挂名人绘画作品，以招揽顾客。如此等等，都从客观上促进了北宋绘画艺术的极大发展。

《东方朔盗桃》年画

绘画艺术水平的提高为年画的发展奠定了基础。北宋时，年画有手工绘制和木版印刷两种。手工绘制虽然成品较木版印刷少而慢，但为了满足社会的需要，有的民间画工在画完一稿后往往再临摹数百份，上市出售。如开封画师刘宗道，曾画一幅"照盆孩儿"年画。小孩以手指盆，盆中水影中也映

出以手指小孩儿的图案，形影相分，十分生动。他画完稿后，就曾临摹数百份，以满足购买者的需要。

当时著名的年画还有开封的杜孩儿画的"娃娃画"和山西人杨威画的"田村画"等等，都是这种情况。北宋木版印刷的年画主要有门神、钟馗、回头鹿马等，是从唐朝雕版印刷神佛像的基础上发展而来的。唐末至五代时就有用五色纸印刷神佛像的传统，当时叫"纸马"。到了北宋时期，木版印刷术更为提高，已经能够印刷比较复杂、细腻的年画作品了。如四川成都发现古代早期纸币"交子"，朱墨交错，表里印记、隐密难伪，做工极其精细。高超的木版印刷技术为年画的发展提供了技术条件。

公元1127年，金兵攻陷东京汴梁，掳走徽、钦二帝，北宋灭亡。高宗赵构在健康（南京）重建朝廷，后迁往临安（杭州），是为南宋。宋、金对峙时期，中国的年画继续发展着。

在南宋，当时的京都临安较昔日的汴梁更为繁华热闹，其年画已经出现了接近现代中原内地的年画内容和水平了。如雕印的大、小门神，桃符、钟馗、狮子、虎头、春帖之类。而北方的金朝，年画的木版印刷中心则从汴梁转移到山西平阳（临汾）一带。

著名的年画有1973年在西安碑林修整《石台孝经》碑时发现的《东方朔盗桃图》。该版画是一个头戴罩由，身穿宽领大袖袍，腰系豹皮裙，双步行走如飞，肩扛一断枝仙桃，而面容喜嬉的老人。此画套色齐备，形象生动。此外，比较著名的还有画有王昭君、赵飞燕等人的《四美图》、画有关羽的《义勇武安王位》的年画，可惜这两幅年画在清光绪三十四年（1908年）为沙俄柯兹洛夫盗走，连同上千件文物，一同被运往当时的亚历山大三世博物馆。

宋代年画的成熟发展为后世年画的繁荣奠定了基础。

宋江方腊起义失败

　　宋江为首的农民起义军虽然人数不多，但他们横行河北、山东一带给宋王朝的统治以沉重打击。宣和三年（1121）初，亳州知州侯蒙上书宋徽宗，认为宋江能如此横行天下，官军奈何不得，其才能有过人之处，不如把他们招降。徽宗随即任命侯蒙知东平府（今山东东平），负责招降宋江起义军。但侯蒙未来得及赴任就病卒。而宋江起义军却移军南下转战于黄维之间，宣和三年二月，起义军到达海州（今江苏连云港市）遭到知州张叔夜所设的伏兵攻击，损失很大，宋江及一部分起义军投降了张叔夜，起义失败。

　　同时，方腊起义也失败。

　　由于北上两路起义军的失利，失去了阻止官军南下的力量，而杭州的失守又失去了阻止官军南进的屏障。宣和三年（1121）三月，宋王朝又增派刘光世、张思正、姚平仲等数路兵马南下镇压起义军。四月，在半个月的时间里官兵不但相继攻陷了婺州、衢州，而且使起义军主力遭到严重损失，陷于十分被

根据水浒故事画的版画《三打祝家庄》

129

动的境地。四月十九日，在粮尽弹绝的情况下，起义军不得不放弃青溪县城，退回帮源洞山区。官军分西、东两路围追合拢，四月二十四日，两路官军相约同时向起义军发动进攻。二十多万起义军在腹背受敌的情况下与官军激战三天，除了一部分突围出去外，其余大部分壮烈牺牲。方腊、八大王等起义军首领被当时还是小军校的韩世忠俘获。方腊被俘后被解往杭州，后又被押解至开封，八月二十四日被害。

宋罢朱勔又置花石纲

　　方腊起义爆发后，宋徽宗命童贯领兵前去镇压。临行，徽宗授于童贯遇急事可以他的名义紧急处置的特权。童贯到达苏州后，看到东南地区受花石纲的困扰，百业凋敝，发怨沸腾。得知花石纲直接导致了方腊起义。宣和三年（1121）正月，童贯命其幕僚董耘以宋徽宗的名义作罪己诏，宣布罢去了苏杭应奉局、造作局及花石纲。宋徽宗也被迫罢免了朱勔父子及亲属的职务。徽宗很不高兴，但也没办法。方腊起义被镇压后，徽宗一伙认为天下太平，可以继续恣意享乐。而王黼乘机向徽宗进谗言，徽宗经王黼煽动，于本年闰五月，下诏恢复应奉局，命王黼、梁师成主管其事。应奉局的恢复，朱勔父子重新被重用，他们更加猖狂地敲诈勒索，东南百姓重新遭殃。

花石纲——云起石

宋代南戏产生

宋代南戏是兴起于中国东南沿海一带的一种戏曲艺术。由宋杂剧、说唱、宋词和当地民间材坊小曲等综合发展而成。又称戏文、南曲和南曲戏文或南戏文。因它最早产生于浙江永嘉（今温州），故又称为温州杂剧或永嘉杂剧。现存五种宋代戏文名目，它们是《赵贞女》、《王魁》、《乐昌分镜》、《王焕》和《张协状元》。

南戏初期是一种民间艺术，萌芽于南方民间的"村坊小曲"，最初为歌舞小戏，在宫调、节奏上没有严格限制，既简单又灵活，后因北宋末期南方农村经济的迅速发展，以及人民群众对文化艺术的需要，民间戏曲活动便随之兴盛起来，并很快流传到城市中去。南戏这种在艺术形式和思想内容方面都很新颖的剧种，也迅速成长起来。南宋都城临安（今杭州）有许多为各种表演艺术提供的固定演出场所，这为南戏吸取各种伎艺的养分提供了有利的条件。

南戏的体制有其独特之处：篇幅不拘长短，没有一定的出数；不限于通押一韵，可数换宫调；不限制登场

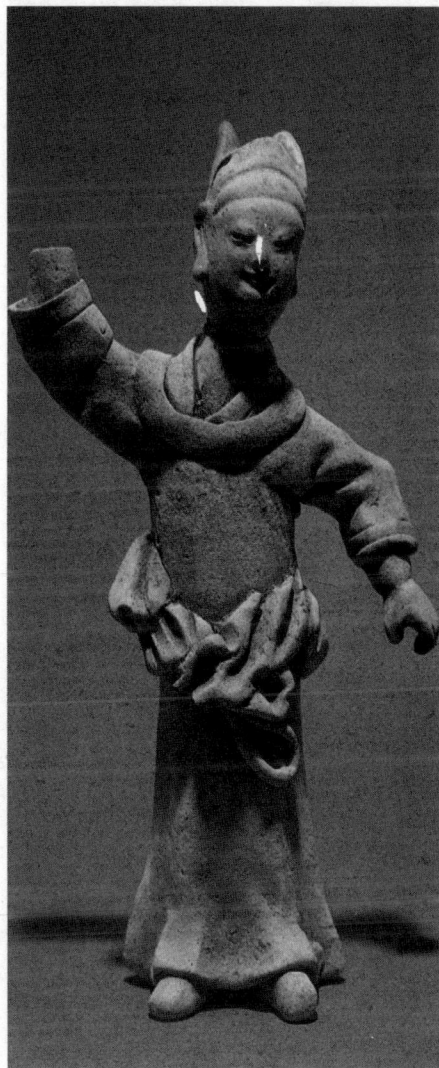

宋代的男戏俑

131

演出的角色，可生可旦，或轮唱或合唱；全剧布局结构规范化。

南戏的题材基本上取自现实生活和民间传说，内容广泛，有正史、时事、传奇、故事、杂剧等。从不同的侧面反映了宋元统治阶级的罪恶及重大社会问题。其中描写爱情婚姻问题的题材居多，鼓励青年男女冲破封建礼教的束缚，追求自由结合的爱情。由于大多数的剧本作者地位低下，比较接近和了解人民群众的生活，因此作品能够反映人民的愿望和意志。

南戏吸收宋杂剧的表演，承袭了其角色行当，并为表现众多人物和适应长篇传奇内容而有所发展，《张协状元》角色状况就反映出此种情况。宋杂剧的角色有末泥色、引戏色、副净色、副末色及装旦。《张协状元》中的"生"就是宋杂剧中的末泥色，南戏中的生既由末泥色变化而来，原来杂剧里的副末，在南戏直接称"末"，末、净的表演特点完全继承了宋杂剧副末、副净的传统。丑、旦角色则出自宋代的"杂扮"，杂扮以表演乡村故事为主，北宋单独演出，南宋时成杂剧演出的第三部分，只有丑、旦两行。宋代南戏在继承宋杂剧脚色的基础上形成的脚色体制，为生、旦、净、末、丑。生、旦扮演主要角色，净、末、丑以诙谐的表演串演配角来适应演出需要。

南戏的出现，融合了宋代说唱艺术的成就。说唱艺术的发展为戏曲提供了丰富生动的题材，说唱对人物声口的模拟和人物形象的描绘，也为由叙事的说唱表演转化为代言的戏剧表演创造了条件，说唱衍进，向戏曲形态转化，取决观众的要求，也有内在的艺术规律。《张协状元》的开场，留有此变化的痕迹，据统计现在的《宦门子弟错立身》、《永乐大典目录》记载宋戏文名目，与宋话本各目宋官本各目相对照，在53种戏文各目中，有18种与说唱话本相同，与官本剧相同只有9种，这在题材上说明话本与戏文更为密切，遗留下来的五种宋戏目中，除《王焕》外，题材来源都与话本有关。

南戏是宋代民间歌舞、杂剧、说唱等综合发展而成的戏曲艺术，是中国南方最早出现的以歌舞表演故事为特征的舞台表演艺术，为明清戏曲的发展奠定了艺术基础。

王黼蔡京罢相

王黼为相后，宋徽宗对其言听计从，十分信任。为了满足金的贪婪要求，他大肆搜刮，计口出钱，得钱六千余万缗，向金买得燕京（今北京市）等几座空城，而大吹大擂伪称胜利，率领百官向徽宗庆贺，进太傅。平时为了向徽宗献媚，常在宴会上涂脂抹粉，扮演俳优倡会，以博得徽宗一笑。黼与大宦官梁师成是邻居，府第旁边有便门相通。一次徽宗去黼家，看到黼与梁师成互相穿便门往来，关系十分密切，开始产生戒心，对黼也逐渐失去信任。黼又与尚书左丞李帮彦不合，李帮彦就联合蔡京之子蔡攸一起攻黼。

王黼罢相后，白时中、李帮彦被任命为相。蔡京一党借口白、李二人资历威望者不够，请求宋徽宗再次任命蔡京为相。宣和六年（1124）十二月，徽宗以蔡京领三省事。这是蔡京第四次入相，这时他已七十九岁，老眼昏花，不能写字，也无法跪拜。由其幼子蔡绦代理处理公文，上朝奏事。蔡绦代父为相，擅权用事激起了白、李及绦兄、领枢密院事蔡攸的极大嫉恨。于是，三人勾结一起揭发蔡绦的奸状，矛头直指蔡京。使徽宗对京、绦父子十分不满。

宣和七年（1125）三月，徽宗下诏罢蔡绦侍读，毁去绦赐出身敕，意要蔡京主动引退。但蔡京仍然不愿辞职。徽宗只得命童贯、蔡攸去京府第索取蔡京的致仁表章。蔡京不得已把请示辞职的表章交给了童贯。徽宗又命词臣按惯例代蔡京三次上表请求离去。四月，徽宗下诏蔡京致仁，罢了他的宰相职务。

皮影戏形成

皮影戏属于傀儡戏的一种，是中国古老剧种，皮影戏演出用的"影人"是用驴皮，或用牛皮、羊皮经过硝制刮平，根椐剧中的角色和衬景的设计进行雕簇、敷色、熨平、装订，在艺人掌握操纵下，靠灯光透射、将影人映现到屏幕上（俗称亮子），随着乐器伴奏和唱腔配合，便成为"一口叙还千古爭，

只手对舞百万兵。"意趣盎然，生动形象。

中国皮影艺术的历史，最早的记载是西汉时期，汉武帝最宠爱的李夫人亡故后，非常思念，有"方士齐少翁言能致其神，乃夜张灯烛，设帷帐，陈酒肉，而令上居他帐，遥望见好女李夫人之貌，还幄坐而步。"武帝看后倍加相思悲感，作诗曰："是邪，非邪，立而望之，偏何姗姗其来迟！"（《汉书·外戚传》）

从记述看，方士少翁可能是用皮革或其他平面材料，雕簇成剪影形成的李夫人形象，不但貌似，而且还可以走动，在表演设备上，有灯烛、帷帐，汉武帝观看要"居他帐"，就是坐到帷帐的前面，似乎已具备皮影戏的雏形。

不过，汉代"百戏"虽然十分盛行，"扮演人物，敷演故事"的艺术形式也开始出现，而影戏则不见记载，大概除在宫廷内搞些影人的活动外，尚未形成剧种。

到了唐、五代，寺院僧徒俗讲，或谓夜讲时，有在讲筵设图像之事，即宣扬佛事的解说图像。

真正的皮影戏是北宋时期才开始出现并兴盛起来的，据宋代孟元老《东京梦华录》记载：当时北宋京城汴梁城内市民娱乐场所"瓦肆"很多，演出的"百戏"种类也"不可胜数"，观众"不以风雨寒暑，诸棚看人，日日如是"。可见其繁华的景象，"瓦肆"中专有影戏的演出，著名影戏艺人有董十五、赵七、曹保义等。此书还记载京城正月十六日，大街小巷挂满了花灯，设计了许多乐棚，没有灯棚和乐棚的地方，设小影戏棚子，为防止本坊巷游人的小儿迷失，让他们聚集在这里看影戏。

宋朝高承《事物纪原》记叙"仁宗时市人"有谈三国者，或采其说加缘饰，作影"，宗代时以影戏讲史，是很深入人心的。不过，宋初的影戏还不是皮影，而是"纸影"。据南宋吴自牧《梦梁录》记载"……汴京初以素纸雕簇，自后人巧工精，以羊皮雕形，用以彩色妆饰，不致损坏"。当时演出的剧目"其话本与讲史书者颇同，大抵真假相半，公忠者雕以巨貌；奸邪者刻以丑形，盖亦寓褒贬于其间耳"。宋代还有一种，名叫"大影戏"，以真人扮演，说唱均由后面的人担任，如同木傀儡，又名"弄乔影戏"，专演讽刺滑稽的小剧目。宋诗中有影戏诗写道："三尺生绡做戏台，全凭十指逞诙谐，有时明月灯窗下，一笑还从掌握来。"

皮影戏之所以在宋代兴起，与宋代的历史条件分不开，当时的宋京汴梁

134

城政治稳定，商业十分发达，城内的"瓦舍"有五十余处之多，因此市民说唱文学也随着商业经济的发展而兴盛起来。许多民间优秀文学作品，多以歌曲说书、鼓词、弹词、戏曲等艺术形式出现，而皮影戏便是从说书讲史演变成形声并茂的特殊剧种。

皮影戏在宋代形成后，金、元变替并未因此而断绝，明武宗正德戊辰三年（1508），北京举行百戏大会演，皮影戏也在其中。

南宋画院复兴

宋徽宗时期画院制度已相当完备，院体画风格基本形成。靖康之变后，大批画家逃到江南，成为南宋高宗画院的骨干力量。南宋初年，高宋在临安建立画院。北宋画院的名家和南宋画坛的新秀荟萃此地，院中人才辈出，各门绘画竞相发展。与北宋画院相比，南宋画院对绘画发展起了更大的促进作用。

南宋画院画家的画艺授受近于手工业者的

《雪堂客话图》，夏圭画。

情况，大多师徒、父子相传。由于宫廷多方面多层次的需求，多种风格能在画坛并存，南宋画家因此可以每人兼工数门，一批名家先后崛起于南宋画院，主要有和李唐并称为山水四家的刘松年、马远、夏圭，善画花鸟杂画的林椿、吴炳、李迪、阎次平、李嵩以及兼工各体的梁楷等，南宋院体画迅速发展起来。

135

《雪江卖鱼图》，李东画。

《鸡雏待饲图》，李迪画。

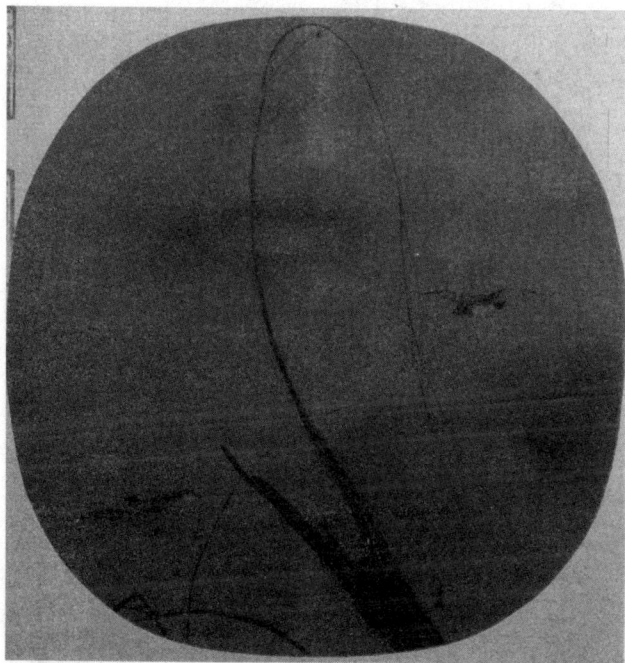

《秋柳双鸦图》，梁楷画。

《牧牛图·夏》，阎次平画。

日暮西山

从绘画风格上看，南宋院体画基本上继承了北宋院体画工笔写实的传统，构景趋于精炼简洁，主题突出，次要部分略去。和北宋相比，由全景发展到一角，花鸟画由坡石花鸟俱全的宫苑小景发展为折枝写生，人物画出现塞满全幅的近景甚至半身人物。

南宋院体画大致可分为山水画，人物画，花鸟画和杂画四个门类。

南宋画院山水画家首推李唐，他突破前人开一代新风。在构图上打破北宋的全景式布局。置主景于一侧。留出大片空白，表现"开阔"与"迷远"的景致。以后的马远和夏圭继承了这一特点，更进一步移近视距，缩小范围，形成南宋院体山水画独特面貌，李唐的作品主要有《江山小景图》、《清溪渔隐图》等，经李唐及其弟子的努力，在高宗、孝宗时期出现了南宋院体山水画的第一高峰。马远、夏圭是南宋中后期画院中最有成就画家，其作品景物剪裁更精练，笔墨更简洁，二人画山水构图方法大体相同，笔法设色有别。马远以典雅高华取胜，夏圭以苍劲豪逸著称，一文一武，先后辉映宋中后期画坛，使南宋院体山水画出现第二高峰。

南宋画院的人物画多延续北宋以来工笔画的传统，景物配置更丰富优美，设色与白描都保持较高水平，发展变化没有山水画那么明显，南宋院体人物画按题材可分为故事画，宗教画，肖像画三类。李唐、刘松年等山水大师也创造出一些新的文物形象，为南宋人物画带来新意。《女孝经图》、《蚕织图》是南宋初期院体人物画的佳作。这些作品表现当代事件，多属虚构缋美，并不生动感人。此后的李唐、刘松年等以优美得体的环境，烘托气氛，增强画意。李唐的《采薇图》、刘松年的《罗汉图》、《醉僧图》都展示了这种画风。宋宁宗时期，工细放人物由盛转衰，简练飘逸的画风兴起，梁楷、马远、马麟是此期的名家，代表作有梁楷的《八高僧故事图》，马远的《吕仙像》等。

南宋院体花鸟画继承北宋工细鸟实的画风。生动浓艳有加，画风没大的转变。传世的作品大多是小幅，主要用为团扇、室装修家具上的贴条和灯片子等，这些小幅保留了南宋花鸟画的特色，它们描绘精细、生动简洁、主题突出。这些作品都是设色画，画法上有不露墨踪迹的画法和显示墨笔勾勒之美的画法两种。南宋画院中的花鸟名家有林椿，李迪，吴炳，张茂等。传世名作有林椿的《梅竹寒禽图》、吴炳的《竹雀图》、李迪的《枫鹰雉鸡图》、张茂的《双鸳鸯图》等。南宋后期出现了以画近景山水中的禽鸟为题材的作

品，性质介于山水画与花鸟画之间，代表作有《寒鸦图》、《松涧山禽图》，都成为南宋后期的画坛杰作。

南宋院体画中还有以画畜兽、龙水、屋木、舟车题材的杂画继承北宋以来的工笔画法，更趋精致、写实。阎次平善画水牛，他画的《牧牛图》和《风雨归牧图》堪称现存水牛作品中的极品。李嵩以画屋木闻名。现存作品有《夜月看潮图》、《高阁焚香图》等。《汉宫图》和《金明池争标图》为现存南宋画界中最精明之作，可能是南宋画院名手奉敕所绘。《卤簿玉轴图》也是南宋画院画屋木舟车的重要作品。马远善画龙、水，他的《水图》是这方面最杰出的作品。

南宋院体画在各方面都取得极高的艺术成就，南宋画院的复兴，使绘画艺术在江南地区得到长远的发展。画院中高手云集，名家辈出，使南宋成为中国绘画史上的一个繁盛时期，为后世留下一笔弥足珍贵的艺术财富。

宋徽宗让位于钦宗

金军分东西两路侵宋，西路军很快向太原进逼，东路军以郭药师为先锋继续南侵。消息传到开封，北宋君臣慌作一团，宋徽宗又一次假意下诏罪己，并罢免了镇压方腊起义后又恢复起来的花石钢，罢除和裁减了大晟府、行幸局、教坊、艮岳宫处专门为徽宗恣意取乐服务的官吏，以此号召各地官兵和百姓起兵勤王，抵抗金兵南侵。

为了便于逃跑，他任命皇太子赵桓为开封牧，想让儿子以监国的名义替他抵挡金兵，自己保持皇位向金陵（今江苏南京）逃命。这时，东路金兵已绕过中山府（今河北定县）南下，离开封只有十天路程。因此，吴敏要求徽宗在三天内禅位，以便让新皇帝能组织军民抗金。徽宗为了能逃命，只好同意退位。

宣和七年（1125）十二月二十三日，他假装得病，跌倒地下，昏迷不醒，大臣们急忙灌药后，又装着苏醒过来，伸手索纸，用左手写了"皇太子可即皇帝位"等一行字，正式宣布退位。

宋宣和七年（1125）十二月二十三日，宋徽宗宣布退位，由皇太子赵桓

日暮西山

宋徽宗赵佶

宣抚处置使司随军审计司印

即皇帝位。桓，徽宗长子，母为恭显皇后王氏，元符三年（1101）生，次年封京兆郡王，大观二年（1108）进封定王，政和五年（1115）立为皇太子。钦宗即位后，根据徽宗的旨意，尊徽宗为教主道君皇帝，尊为太上皇，居龙德宫。

宋贬奸党

靖康元年（1126）正月，由于太学生陈东伏阙上书请诛六贼，宋钦宗贬王黼为崇信军节度使，永州（今湖南零陵）安置。

金兵进攻开封，王黼私自领妻子南逃。钦宗为太子时，不喜欢王黼所作所为，而王黼支持郓王楷，为其策划谋夺太子位，故与钦宗早有矛盾。陈东上书后，吴敏、李钢亦请钦宗诛黼，钦宗下诏将王黼送开封府审理。知开封府聂昌与王黼有宿怨，立即派武士追至雍丘县（今河南杞县）南二十里辅固村，将他杀死，而托言为盗所杀。同时，童贯、蔡京死党还直接把持东南的行政、经济、军事大权，并准备在镇江把宋徽宗重新扶上台，对钦宗的统治直接构成了威胁。为此，钦宗下诏，重申徽宗退位时他自己说的除了道教外，其余并不管的话，剥夺了徽宗、蔡京、童贯集团发号施令的权力。一月底，陈东

141

第三次上书论六贼之罪，特别指出蔡京、童贯死党扶持徽宗企图复辟的阴谋。在朝野舆论的压力下，在亡国威胁暂时解除的情况下，钦宗就全力对付蔡京、童贯死党。

十八日，待御史孙觌上奏论蔡京、蔡攸、童贯之罪，钦宗乘机将蔡京父子、童贯一并罢免。以后，大臣们又纷纷进言，要求加重对蔡京、童贯等人的处罚。蔡京、童贯一党一再被贬逐到岭外州军。这年七月，蔡京再被移儋州（今海南儋县）安置，行至潭州（今湖南长沙）病死，子孙二十三人被分别驱逐至外地州军，遇赦不能返回，而长子攸、次子绦后均被诛。童贯被移吉阳军（今海南宁远水下游）安置。几天后，钦宗又命所至州军将其斩首，函首送至开封。朱勔被赐死。

西湖渐盛

杭州西湖是一个历史悠久、世界著名的风景游览胜地，古迹遍布，山水秀丽，景色宜人。

西湖在汉代以前是一个海湾，由于潮汐泥沙淤积，形成了杭州平陆和泻湖。隋唐之际，湖水淡化，湖泊固定下来。因湖三面环武陵山，曾称"武林水"。钱塘县治从灵隐山移至东面平陆后，湖处县境内，故名钱塘湖；因湖在城西，又称西湖。北宋中期，西湖之名逐渐取代了钱塘湖。南宋王朝（1127~1279）建都杭州（南宋时称临安），西湖面貌变化尤大。它的不断完美是靠劳动人民辛勤治理，兴修海塘、疏浚湖泥而得来的。

西湖以自然山水、文物古迹、寺庙古塔、碑刻造像组合而成。湖区水面南北长3.3公里，东西宽2.8公里，周长15公里，面积5.5平方公里，平均水深1.5米。

孤山是湖上一个大岛；苏堤、白堤把西湖分割为外湖、里湖、小南湖、岳湖和西里湖五个大小不等的水域；三潭印月、湖心亭、阮公墩三个小岛鼎立于外湖。西湖南、北、西三面峰峦环抱，湖区面积49平方公里。南有吴山、夕照山；北有宝石山、葛岭；西有三台山、丁家山；外围有凤凰山、玉皇山、南高峰、北高峰、天竺山、灵隐山、玉泉山、栖霞岭等。群山中分布着虎跑、

《风雪松杉图》，金代李山画，属北方山水画风格。

杭州西湖"我心相印亭"

龙井、玉泉三个名泉和黄龙洞、烟霞洞、云栖、九溪十八涧等曲径洞壑名胜。

西湖的自然景色四时不同。西湖十景,楼、台、亭、榭同湖光山色相互辉映。春天,"苏堤春晓"、"柳浪闻莺"、"花港观鱼",春花吐艳,彼伏此起;夏日,"曲院风荷",荷花映日,湖面新绿一片;秋季,三秋桂子,香飘云外;冬来,"断桥残雪",银装玉琢,放鹤亭畔,寒梅斗雪。清晨,"葛岭朝暾";薄暮,"雷锋夕照";黄昏,"南屏晚钟";夜晚,"三潭印月"和"平湖秋月"。白居易诗:"湖山春来如画图,乱峰围绕水平铺。松排山面千重翠,月点波心一颗珠。"苏轼诗:"水光潋滟晴方好,山色空濛雨亦奇。欲把西湖比西子,淡妆浓抹总相宜。"这些诗篇,均是对西湖风光的真实写照。

西湖不仅有许多古迹,如东汉的《三老讳字忌日碑》,五代至宋元的飞来峰摩崖石刻,烟霞洞的造像,文庙的石经,东晋时的灵隐古刹,北宋的六和塔、保俶塔、雷锋塔,南宋的岳飞墓和岳王庙等,还是人文荟萃之地。

唐宋杰出诗人白居易、苏轼先后在杭任职时"募民开湖",兴修水利,并留下许多吟咏西湖的名篇;南宋画家马远、陈清波曾作"西湖十景"的画卷。这些书画,都是中华民族文化的珍品。

元朝初年,意大利旅行家马可·波罗在游记里誉杭州为"世界上最美丽华贵之城"。杭州西湖由是驰名世界。

两宋民间武术组织兴盛

由于宋朝复杂动荡的局势,各地呈现出多种习武形态。为了防御外族入侵和反抗压迫,各种民间武术组织兴盛起来。

早期的民间武术组织有弓箭社、忠义巡社等。弓箭社是保家御敌的民间结社,其人数之多,范围之广,是历史上罕见的。据《苏东坡全集·乞增修弓箭社条约状二首》记载,当时仅定、保两州,安肃、广信、顺安三军,边面七县一寨内,结弓箭社的就有588村,651伙,共计31411人。从其阅习武术的内容可知弓箭社是以实战所需的武术为主的。

北宋至南宋初,各地村民还组织了亦兵亦农的抗金武艺组织忠义社、巡社等。忠义巡社除"按时农作"外,就是为御贼备战,在庄井附近"教习武艺"。

忠义巡社规模甚大遍于大江南北，具有相当强的战斗力，配合政府抗金力量，取得了多次大战的胜利。

两宋时期，农民为反抗压迫还自相结社。这些武术组织大多在本地行侠仗义，对各地区民间武术的发展有积极的作用。

上述的这些民间武术组织都以军事武术练习为主，就连熙宁三年（1070）开始推行的保甲法对保甲兵进行的训练也不例外，且内容不断变化，形成了独特的风格和特点，对民间武术组织的习武活动起了积极的推动作用，也为宋以后民间武术的发展奠定了基础。

南宋时期，都城临安出现了很多民间武艺结社组织，如争交的"角抵社"、"相扑社"，射弩的"锦标社"、"射弓踏弩社"，使棒的"英略社"等。这些社大都不下百人，成员有的是职业武术家。如"射弓踏弩社"要求攀弓射弩、武艺精熟、射放娴习的人方可入社；有的则是富室郎君、风流子弟或各种闲人。《都城纪胜》中解释："闲人"为食客，类似孟尝君门客中的中下等人，但未著明"业次"，"以闲事而食于人"。所谓"闲事"，即包括了"使拳"之类的武艺。这说明当时已出现了专门从事武术活动的以出卖自己武艺为生的人。这些武术组织经常举行各种武术表演，有固定的游艺场所瓦子勾栏。这些表演在当时逐渐成了市民所喜爱的文化活动之一。这种活动方式也逐渐固定下来，并成为武艺人谋生的行道。

从这个发展的过程中，我们可以看出，武术已从以前的军事活动融入了大众文化生活的内容之中，人们的武术观念发生了较大的变化。习武活动不仅是市民生活的组成部分，而且成了民间节目、演艺集会、游艺场所不可缺少的体育项目，参加这项活动的人及武术组织也越来越多。武术日趋大众化、社会化，武术的体育化进程大大加快了。

三镇军民反割地

宋钦宗以纳币和割让太原（今山西太原）、中山（今河北定县）、河间（今河北河间）三镇为代价，向东路金军头目宗望乞和，使东路金军退兵。靖康元年（1126）二月下旬，宋又遣使把这一情况报告了仍在继续南下的西路金军统帅宗翰，宗翰也随即退兵回太原等待宋向他交割。

但是，当宋钦宗割地的诏书送到太原城时，太原军民不肯出迎，全城兵民团结一致，固守以待，不肯交割。太原城自宣和七年（1125）、金天会三年十二月就被南侵西路金军包围，太原军民在副都总管王禀等领导指挥下，打退了金军一次又一次进攻，把西路金军牵制在太原城下，减少了对都城开封的压力。金军在太原城外箭和炮石发射不到的地方，沿城筑起堡垒，断绝内外交通，还多次打退了宋朝派来的援兵，使太原城成了一座孤城。八月，金军仍分西、东两路第二次南侵，西路金兵军对已围困八个月之久的太原发起更大规模进攻。城内粮食断绝，士兵们先吃牛、马、骡等牲口，最后甚至吃弓箭的筋、甲。百姓则以树皮、野草充饥，大多数军民战死、饿死。剩下的已饿得走不动路，拿不起武器，在这种情况下金军才于本年的九月初三日攻破城池。但王禀等将领仍率领军民进行巷战，最后，大多壮烈牺牲。王禀受伤数十处，宁死不屈，投水自尽。宗翰无法，只好留下银术继续围攻太原，自己回大同（今山西）。三月，以宗望为首的东路金军到达中山、河间府时，两镇军民也以死固守，坚决不让金军进城。金军所带人质肃王赵枢、宰相张邦昌及宋廷派去的割地专使等到城下劝说两镇兵民投降时，两镇兵民就向他们射箭、投掷石块，痛骂张邦昌等人投降卖国，沿途各州军的军民也都坚决反对割地给金。宗望亦只得退回燕京（今北京）。

宋剪刀定型

中国古代的铁制剪刀形态比较简单，只是在一根铁条的两端锻成刀状，再将中段弯成"8"字形，利用铁的弹性，使剪刀一张一合。这种剪刀中间没有轴眼，也不用装配支轴。直到北宋初，剪刀的形态基本没有改变。

北宋以来，剪刀的形态有了较大的改观。刀刃和把柄之间设有轴眼，装上支轴，使用时利用杠杆作用既省力又能提高功效。这在剪刀的发展史上不啻于一场革命。在河南洛阳宋神宗时期的墓葬中，曾出现过这种较为先进的剪刀式样，可以作为物证。张择端的《清明上河图》上所绘虹桥上摆有地摊，商贩出售的商品中既有"8"字形剪刀，又有支轴型剪刀，但把柄较长。这种剪刀式样一直延用至今。

郑原撰《折狱龟鉴》

《折狱龟鉴》又名《决狱龟鉴》，是宋代地方官郑克在和氏父子所著《疑狱集》基础上编撰而成的。

五代后晋时，和凝、和㠓父子选取历代各种疑难案件，逐一进行分析，并详细介绍了司法检验方面的经验，编成《疑狱集》4卷。这是中国首部汇集案例的学术专著，开中国法律文明史折狱之书的先河，对后世产生重大影响。

宋高宗时，熟悉狱政诉政的地方官郑克，认为和氏父子所撰的《疑狱集》还有未详尽之处，"因采摭旧文，补苴其阙"（《四库全书总目、子部、法家类》），增加了案例395件，分为二十类，分别为：释冤、辨诬、鞫情、议罪、宥过、惩恶、察奸、核奸、摘奸、察慝、证慝、钩慝、察盗、迹盗、谲盗、察贼、迹贼、谲贼、严明、矜谨。

该书"务求广博，多有出于正史之外者"，多辑历史上有关决狱、断狱和司法检验的案例，对这些案例作言简意赅的介绍，并且通过分析与评述，表达了作者"尚德缓刑"、"明慎用刑"的主张,要求从"矜恕"出发,依人情事理分析和推究案情,严防枉滥。还表达了作者对昏官酷吏们"深文峻法,务为苛刻"行为的切肤之痛与愤慨之情。但是,另一方面由于作者过于追求新奇,所搜材料不免"猥琐"、"庞杂",有不少迷信内容,如鼓吹因果报应、卜筮怪异等。

总体来说,《折狱龟鉴》一书具有不容低估的法学及社会学价值的著作。它较为系统地总结了前人在案件的侦破、检验、审讯、判决,以及平反等方面积累的正反两方面的经验和教训,同时也揭示了当时社会的风物人情,是了解和研究中国古代司法实际的重要参考资料。此书中的案例也多为后世公案小说、戏剧所取材。

辛派词发端

辛派词是以南宋爱国词人辛弃疾的创作为代表、以抒写爱国热情为主旋律、具有慷慨豪放的风格特色的一大词派,它产生在南宋特定的社会政治环境中。

南宋初期,金贵族统治者继续挥兵南下,对人民进行野蛮掠夺和残酷压迫,激起了广大人民群众的反抗。宋朝统治集团中的有识之士也主张抗金,但另外一部分人却希望屈膝求和,维持偏安局面。主降派以宋高宗和秦桧为首,在朝中当权得势,排斥打击主战派。一时间和战之争就代替了长期以来的新旧党争,成为朝中政治斗争的新焦点。

在这种形势下,一些具有爱国思想的词人积极投身于要求反抗民族压迫、恢复中原故土的政治斗争,他们的词作也突破了北宋末年浮靡平庸的作风,上录苏轼词恢宏豪放的思想艺术传统,下开辛弃疾爱国词派的先河。在这方面,张元干和张孝祥是最有成就的。

在词作中反映民族斗争和由此而引起的政治斗争,弘扬爱国主义精神,是南宋爱国词人共同的创作倾向,也是辛派词的灵魂。这点首先在张元干和

高昌回鹘王国宫廷寺院位于新疆吉木萨尔，图为寺院壁画《分舍利图》，表现王者出行的浩荡，是新疆高昌回鹘艺术中的瑰宝。

高昌回鹘壁画《供养比丘》，壁画年代相当于两宋时期。

张孝祥的词中表现出来。他们的一些优秀作品与当时的政治斗争有密切联系。

张元干（1091～1170？），字仲宗，号芦川居士，永福（今属福建）人，南宋初期词人。靖康元年（1126）金兵围汴京，主战派大臣李纲任亲征行营使，征召张元干为行营属官；不久李纲被罢官，他也得罪去职。绍兴八年（1138），宋高宗欲向金拜表称臣，李纲上书反对无效，张元干写了一首词［贺新郎］（曳杖危楼去）寄给他，表示对他的支持和同情，并抒发了自己抗金报国的雄心壮志。后来枢密院编修官胡铨因上书请斩秦桧遭贬，张元干又写了一首［贺新郎］（梦绕神州路）给他送行。词的上片抒发对中原沦陷的悲愤之情和对故土的思念之意——"梦绕神州路，怅秋风，连营画角，放宫离黍。底事昆仑倾砥柱，九地黄流乱注，聚万落千村狐兔"。下片表示了他对胡铨的同情与支持——"目尽青天怀今古，肯儿曹恩怨相尔汝"，表明了他同情胡铨是出于政治见解的一致而非出于私交。当时主降派当权，张元干因这首词被削籍除名。在编自己的词集时，张元干将两首［贺新郎］作为压卷之作。

张孝祥（1132～1169?），字安国，历阳乌江（今安徽和县）人，是与张元干同时期而稍后、影响更大的爱国词人。高宗时中进士第一名，秦桧之孙屈居第二，因此而得罪了秦桧，被诬陷入狱，后曾任建康留守等职。他积极主张收复中原，反对和议，曾两度被主降派弹劾落职。

绍兴三十一年（1161）金兵南侵被宋军击退后，张孝祥写了一首热情洋溢的［水调歌头］，其结句"我欲乘风去，击楫誓中流"，借用典故，抒发了报国壮志。隆兴元年（1163）宋军北伐溃败，南宋朝廷又重走妥协投降的老路，张孝祥为此写下了深沉悲壮的［六州歌头］（长淮望断）。全词节拍急促，激情迸发，通过关塞苍茫、骑火通明、壮士抚剑空叹、中原贵遗老南望等一幕幕具有鲜明时代特征的场景，倾诉了对主和派投降行径的愤慨和个人壮志难酬的悲哀。此词在当时产生了极大的社会影响和艺术感染力。

辛派词慷慨豪放而又悲壮沉郁的艺术风格，在张元干和张孝祥的词中也已发端。他们都继承了苏轼的词风，在表现社会现实的重大题材时，既有一种"大江东去"的宏大气魄，又有由特定时代背景所决定的深沉感慨。张元干［贺新郎］（曳杖危楼去）中的"十年一梦扬州路，倚高寒，愁生故国，气吞骄虏。要斩楼兰三尺剑，遗恨琵琶旧语"，感情起伏跌宕，正如《四库全书总目》所说——"数百年后，南想其抑塞磊落之气"。张孝祥在［六州歌头〕（长淮望断）中写道："征尘暗，霜风劲，悄边声，黯销凝……看名王宵猎，骑火一川明。笳鼓悲鸣，遣人惊。念腰间箭，匣中剑，空埃蠹，竟何成！时易失，心徒壮，岁将零……"以短促的节奏描写了形势的危急，表现了作者报国无门的愤慨。这首词直抒胸臆，不事雕琢，时而沉郁，时而昂扬，前人评价其"淋漓痛快，笔酣墨饱，读之令人起舞"。

辛派词从张元干、张孝祥笔下发端，到辛弃疾手中成为词坛上的主流，使宋词的思想水平和艺术成就都达到了空前的高度。当时与辛弃疾以词唱和的陈亮、刘过，还有稍后的刘克庄、刘辰翁等，词风上都明显受辛弃疾影响，也写了一些感慨国事、笔力雄健、风格豪放的词，文学史上称之为辛派词人，如此形成了南宋中叶以后声势最大的爱国词派。